いちばんやさしいRPAの教本

ロボティック・プロセス・オートメーション

人気講師が教える 現場のための業務自動化ノウハウ

インプレス

Profile

著者プロフィール

進藤 圭

ディップ株式会社 次世代事業準備室／dip AI.Lab
室長

早稲田大学を7年かけ卒業後、ディップ株式会社に
新卒入社。営業職、ディレクター職を経て、開始
後3年で15億円の売上に成長した看護師人材紹介
「ナースではたらこ」事業化など、40件以上のサー
ビス企画に参加。
新規事業責任者、アニメの舞台めぐり「聖地巡礼マ
ップ」（https://seichimap.jp/）、 人工知能ニュースの
「AINOW」（http://ainow.ai/）、スタートアップニュース
の「StartUpTimes」（http://startuptimes.jp/）などの変わ
り種メディアチームの責任者。
投資担当を兼ね「AI.Accelarator」「HR-HackFund」責任
者、「ASAC」青山スタートアップアクセラメンター、
「OIH」 大阪イノベーションハブメンター、
「kansAI0.6」関西AIアクセラレーターメンターなど。
TBSラジオ「好奇心家族」ニュース解説者。投資先
はhachidori、GAUSS、JOLLYGOOD、Foxsy、Oceansなど。

● 購入者限定特典　電子版の無料ダウンロード

本書の全文の電子版（PDF ファイル）を以下の URL から無料でダウンロードいただけます。

ダウンロード URL：**https://book.impress.co.jp/books/1118101023**

※ 画面の指示に従って操作してください。
※ ダウンロードには、無料の読者会員システム「CLUB Impress」への登録が必要となります。
※ 本特典の利用は、書籍をご購入いただいた方に限ります。

はじめに

RPAを利用することは、「デジタルレイバー」（パソコン仕事をしてくれる仮想的な労働者）を雇うようなものです。雇う側に専門知識は不要、高い報酬も不要（低コスト）、24時間働いてくれる、そして働き方改革の救世主……とRPAにはメリットしかないように喧伝されています。たしかにこれらは間違いではありません。すでに多くの企業がRPAに取り組み、成果を生み出しています。しかしそのような話には「罠」もあるのです。

成功の裏側には失敗の積み重ねがあります。筆者自身、2008年頃からユーザーの立場で業務の自動化に取り組み、失敗も経験しながら多くの学びを得てきました。そんな思いから、とあるテレビ番組から着想した「RPAしくじり先生」として、自分の失敗経験を反面教師にした講演活動を行っています。世の中にあふれるRPAに関する情報は成功事例やメリットばかりが強調されていますが、実際には多くの失敗事例もあり、デメリットだってあります。どちらも経験してきたからこそ、「本当のところはどうなのか？」「自分の会社にも導入できるのか？」を現場の目線で語ることができます。

本書では、講演活動などを通じて得た、「これからRPAを導入しようと考えている人たちが一番知りたいポイント」に絞ってレッスン仕立てで解説しています。RPAとは何か？ 何ができて何ができないのか？ 自動化する業務の向き不向きは？ どんな製品・サービスがあるのか？ どうやって選定し導入すればよいのか？ 費用対効果は？ といった内容を、1つひとつ丁寧に解説しています。また、多くのRPA製品はエンジニアでなくても使えるように設計されているため、本書も技術的な話は極力避け、専門知識がなくても読めるように構成しています。

RPAにきちんと取り組めば、仕事の生産性は間違いなく向上します。RPAを導入した側のユーザー企業という立場だからこそ語れる、現場目線のノウハウを、一緒に試しながら学んでいきましょう。

2018年秋　進藤圭

いちばん やさしい
RPAの教本

人気講師が教える
現場のための業務自動化ノウハウ

Contents
目次

Chapter 1 RPAの全体像を眺めてみよう

page 11

Chapter 2 RPAでできることを知ろう
page 27

Chapter 3 RPAで成果を出すための事前準備
page 43

Chapter 4 — 実際にRPAを使ってみよう

page 65

Chapter 5 RPAの導入計画を立てよう

page 87

Chapter 7 RPA運用のポイントを知る

page **151**

Chapter

8 成功事例に学ぶ RPAの効果

page
177

Chapter 1

RPAの全体像を
眺めてみよう

RPAは、人間がコンピューター上で行っている作業を自動化する仕組みです。自動化ツールはこれまでもありましたが、なぜ今RPAが注目されているのでしょうか。その背景を見ていきましょう。

Lesson **[RPAとは]**

01 なぜ今RPAが 注目されているのか？

このレッスンの
ポイント

RPAは、コンピューター（パソコン）の操作を自動的に行ってくれる業務支援ツールです。最初のレッスンでは、なぜ今RPAが注目されているのか、その背景を探っていきましょう。

⭕ RPAは働き方改革の救世主

あなたの職場でも「働き方改革」のスローガンのもと、「残業するな」、でも「仕事量は減らすな」という相反する号令が響き渡っているかもしれません。そんな板挟みの状況から抜け出せる救世主として期待されているのがRPAです。RPAは「Robotic Process Automation」（ロボティ ック・プロセス・オートメーション）の略で、直訳すると「ロボットで業務プロセスを自動化する」という意味です。コンピューター上で私たちが行っている各種の繰り返し作業を自動的に行ってくれるのがRPAです。

▶ ロボットで業務を自動化する 図表01-1

コンピューターを使った単純作業　　　ロボットがプロセスを代行（RPA）

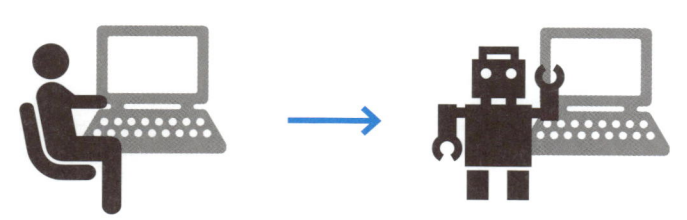

人間がコンピューターに張りついて行っていた単純作業を、自動的に行ってくれるのがRPA

○ 自動化のハードルをぐっと下げるRPA

コンピューターを用いた業務の自動化は、何もRPAが最初ではありません。何年も前からエンジニアたちは「Selenium」(セレニウム) などのプログラミング言語や、「RocketMouse」(ロケットマウス) といったマウスの動きを記録するツールを使って自分たちの作業を自動化してきました。ほかにもExcelのマクロやmacOSの「Automator」(オートメーター) など、非エンジニアでも扱いやすく日常的な操作を自動化してくれるツールは数多く存在しています。

では、なぜ今「RPA」が注目されているのでしょうか。「働き方改革」といっても、これまでの自動化ツールで対応すればよさそうに思います。RPAが注目されている大きな理由は、「専門知識がなくても扱える」「さまざまなソフトウェアをまたいで複数の作業を一度に自動化できる」「既存のシステムを生かしたまま導入できる」という点が高い利便性をもたらすためです。また、比較的低コストで導入できるという点もRPAが注目を集めているポイントです。

▶ **RPAが注目されているポイント** 図表01-2

| 専門知識不要 | ソフトウェアを横断して自動化 | 既存のシステムを活かせる | 低コスト |

技術的にすごいというよりは「自動化を安価に、誰でもできるようにした」ことと「エンジニアを低付加価値業務から解放した」ことが今の RPA のすばらしさであり、私がみなさんにおすすめしたいポイントです。

○ RPAの導入にはクリアすべきハードルもある

筆者は10年ほど前から日常業務の自動化に取り組んでおり、多くの「RPA」といわれる手法を試し、失敗と学びを繰り返してきました。それだけに「RPA導入の罠」がどれだけ多いかも身をもって知っています。RPAはその効果や導入の手軽さばかりが強調されて宣伝されていますが、

私の経験からいえることは「RPAが向いていない職場や業務がある」ということです。しかし、本書で説明するステップをきちんと踏んでRPAの導入・運用を実践すれば、「あなたの仕事を飛躍的に向上させる可能性がある取り組みである」と自信を持っていえます。

Lesson 02 ［働き方改革］
働き方改革とRPAの関係

このレッスンの
ポイント

働き方改革は国を挙げた取り組みであり、大企業だけでなく、中小企業を含めたすべての仕事の現場に影響します。このレッスンでは、そもそもなぜ働き方改革が叫ばれているのか、その背景を見ていきましょう。

○「働き方改革」を支援する取り組み

2018年6月29日、国会にて働き方改革関連法案が可決、成立しました。テレビのニュースなどでも、働き方改革を支援する具体的な取り組みとして「リモートワーク」「業務自動化」などのキーワードが取り上げられる機会が増えたと実感しています。

リモートワークが「場」を動機にした新しい働き方のスタイルだとすれば、業務自動化は「時間」を動機にした、生産性の高い業務へシフトする働き方のスタイルといえます。この生産性を高める立役者として期待されているのがRPAです。

▶ 働き方改革を支援する取り組み 図表02-1

リモートワーク：場が動機

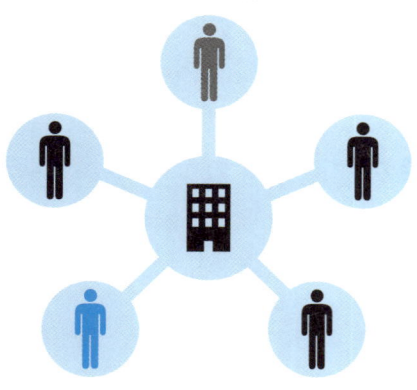

業務自動化：時間が動機

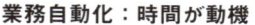

リモートワークは、インターネットなどで会社とつながることで、自宅や遠隔地にいながら仕事をすること。「テレワーク」ともいう。業務自動化は、より生産性の高い仕事にシフトするためのスタイル

○「働き方改革」がなぜRPAを後押しするのか

働き方改革の狙いを簡単にいえば「少子高齢化で生産年齢人口が減る分、1人あたりの業務成果を高めて日本の生産力を維持しよう」というものです。生産年齢ではないシニアなどの活躍を促す「一億総活躍社会」を政府が唱えるのも、同じ目的です。RPAはそのような目的にぴったりと合致するツールなのです。

○ 中小企業ほど業務自動化が必要な時代

「働き方改革やRPAなんて人やカネに余裕がある大企業だからこそできることだ」と思うかもしれません。しかし、中小企業こそRPAを中心とした業務自動化に取り組む必要があります。なぜなら、中小企業ほど人材不足が深刻だからです。リクルートワークス研究所による調査では、求人倍率を従業員規模別に見ると、300人未満企業(中小企業)では9.91倍と過去最高となっています。一方で5,000人以上(大企業)では0.37倍となりました。求人に対して求職者が圧倒的に足りていないうえに、企業の規模が小さいほど、採用は困難であるという実態があるのです。人口減少の社会構造にあって、この傾向はますます強まるでしょう。つまり中小企業ほど「今いる社員の生産性を上げてどう戦うか」を考えなければいけないのです。

▶ **RPAが必要になる背景** 図表02-2

```
  少子高齢化          人材不足

生産年齢人口        中小企業で
 の減少             過去最高
```

生産性を上げるだけでなく、残業コストの削減や、働く人の健康管理も働き方改革の目的です。その観点でも、RPAに期待が集まっています。

👍 **ワンポイント 働き方改革関連法案とは?**

国の進める働き方改革は「働き方改革一括法案」と呼ばれ3本の柱で構成されています。その中の第2の柱では、時間外労働の上限規制の導入、長時間労働抑制策・年次有給休暇取得の一部義務化、フレックスタイム制の見直しなど個人個人の時間の使い方、生産性に焦点があたっています。

[RPAと事業規模]

RPAは中小企業にも大きなメリット

**このレッスンの
ポイント**

事例として紹介される**RPAはほとんどが大企業のもの**で、**中小企業で働く人間にとっては導入イメージが湧きづらい**かもしれません。このレッスンでは中小企業にとってどのようなメリットがあるかを解説します。

⬤ RPAの導入に企業の大小は関係ない

RPAは、主にバックオフィスで業務の自動化や効率化を図るしくみです。経理や総務などの業務は企業の大小を問わず存在し、中身はほとんど変わりません。それゆえ、RPAは中小企業でも導入の効果が望めるのです。もちろん、同じ業務でも規模の大きな企業のほうが処理件数は多いので、単純な効率化という観点では比較できませんが、限られた人的リソースをより生産性の高い仕事に回せるということは、中小企業にとって大きな武器となります。むしろ、人的・金銭的リソースが豊富な大企業よりも、新規の採用や大規模なシステム投資が難しい中小企業ほど、使いこなすメリットは大きいでしょう。

▶ **人的・金銭的リソースの少ない中小企業でRPAが活躍** 図表03-1

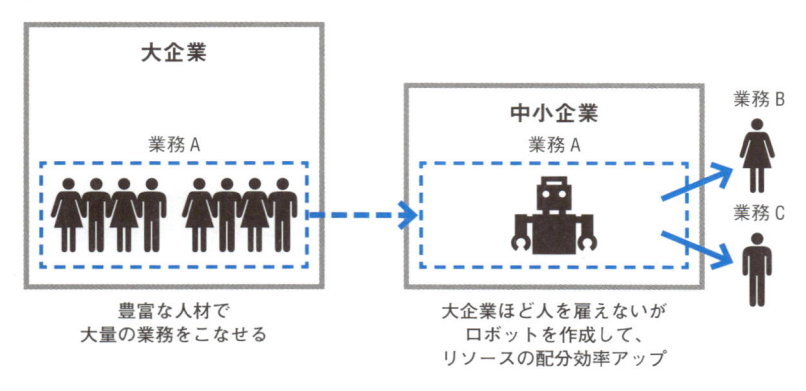

中小企業では、ロボットにバックオフィス業務を任せることで、少ない人材を生産性の高い仕事にまわせる

● 導入のハードルが低いRPA

中小企業がRPAにトライしやすくなっている理由がもう1つあります。それはRPAの開発企業が増え、よりよい製品やサービスのバリエーションが増えていることです。

今のようにパッケージ化されたRPA製品が提供される以前の業務自動化は、大規模な開発を伴い、数千万円規模の「開発型RPA」とでもいうべきタイプが主流でした。その後、企業にRPAツールを納品する数百万円規模の「オンプレミス型

RPA」が普及しはじめ、最近では数十万円の「クラウド型RPA」が登場しています（レッスン10を参照）。なかには無料で試せるサービスもあり、中小企業でも手を出しやすい環境になってきているのです。

いくつかのサービスを試しながら、自社の業務に使えそうなRPAを見つけておけば、全社的な導入を推進するときのよい事例になるでしょう。

> たとえば、まずは自分のパソコンに無料版を導入して効果を実感してみましょう。

👆 ワンポイント 「RPA」はシステム開発受託のマーケティングキーワード

なぜ大手企業の取り組みばかりが話題になるのでしょうか。前述のとおり、大手企業は資金力と人材に恵まれている点もありますが、そのほかの事情として、システム開発受託企業の営業マーケティングキーワードの1つが「RPA」ということがあります。

RPAは業務の置き換えという性格上、RPAを売り込む立場のシステム開発受託企業は、導入先の企業の中に入り込んで業務フローを聞き取ったり、利用されているシステムを把握したりできます。大企業の業務フローやシステムは、開発受託企業からすればよだれが出るような情報の宝庫です。RPAをき

っかけに顧客企業の業務フローを把握できればシステム化の提案、システムの把握ができればシステム入れ替えの提案ができます。システム開発規模が大きな大手企業が重視されるのは自然な流れなのです。

「RPAのはずが大規模システム開発になっていた」という話を最近よく聞きます。業務効率化のための適正なシステム開発はよいことですが、大規模になりすぎればRPAの「大規模なシステム投資が不要」という特徴を損なうのも事実です。投資対効果が合うプロジェクトの進めかたもこの後の章で学んでいきましょう。

04 ［RPAの作業領域］
RPAが得意とする作業を知ろう

このレッスンの
ポイント

RPAが得意とするのは「頻度が多く、大量に発生する作業」です。そして、「決められた操作を繰り返し行う」ことも得意です。このレッスンでは、RPAが得意とする作業はどのようなものか、具体的なイメージをつかみましょう。

○ RPAが得意とするのは単純作業

RPAは、レッスン1で説明したように「専門知識がなくても扱える」「さまざまなソフトウェアをまたいで複数の作業を一度に自動化できる」「既存のシステムを生かしたまま導入できる」という点がメリットです。そしてこのメリットを最大限に活かせる作業をやらせることがRPAの恩恵に預かる条件といえますが、その作業というのは、ずばり「単純作業」です。もっといえば、「単純だけど面倒な作業」こそRPAに任せるべき作業です。

▶ 単純だけど面倒な作業はRPA向き 図表04-1

交通費精算、競合調査、営業リスト作成など

売上集計、見積発行、請求書発行、勤怠管理、資産管理、人事評価管理など

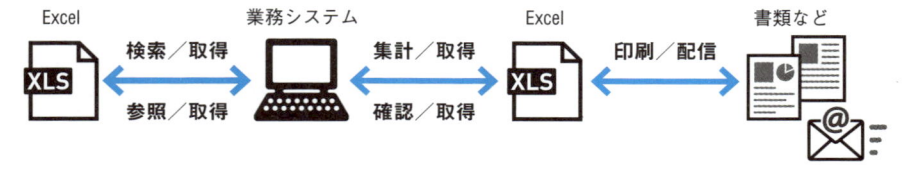

1つ1つは単純で簡単な作業だが、全体としてはかなりの工数になる。精算業務など月に1回であっても、毎月末に集中するためどうしても時間を奪われる

RPAにやらせるべき業務の例

定期に発生する業務といえば、月末の経費精算や毎日の日報送信業務などがあります。ここでは経理部門が月末に行う経費精算業務の場合を見てみましょう。たとえばこの会社で経費を精算する場合、経理担当者は、①経費精算システムを起動、②経費精算システムにログイン、③申請データを表示、④メールソフトを起動、⑤メール添付で送られてきた領収書ファイルを開く、⑥申請データと領収書画像を目視で照合、⑦承認、⑧②～⑤を申請案件数だけ繰り返す、⑨ログアウト、という作業を行うとします。RPAを使えば、①～⑨のすべてを自動化できます。

> RPA が苦手なのは、一定でない操作が発生する作業です。上の例では、添付ファイルの形式が複数あって、それぞれ別のソフトでないと開かないような場合、また、ファイルが添付されていない場合も止まってしまいます。

▶ 定期に発生する業務と大量に発生する業務の例 図表04-2

	業務	内容
定期	見積発行業務	見積依頼に応じて見積もりを発行する
	問い合わせ対応	問い合わせメールに対して定型メールを返信する
	売掛・入金業務	入金情報に応じて、回収リスト、消込、システムへの入力を行う
	買掛・支払業務	支払情報に応じて、支払リスト、消込、システムへの入力を行う
	資産管理業務	資産台帳に応じて、会計システムへの入力、税務提出書類の作成
	過重労働管理業務	勤怠システムをチェックして、過重労働者への連絡メールを発行
	人事考課管理業務	人事考課の入力状況を確認して、未入力者への督促を送信
	経営者向けレポート発行業務	経営会議などの会議体に応じて、各種システムから情報をコピペしてレポートを作成
	競合サイト巡回業務	競合サイトを複数巡回し、情報の掲載状況をレポートにまとめる
	販売状況調査業務	自社サイトを複数巡回し、販売状況のとりまとめレポートを作成
大量	ECサイトの受注処理業務	自社ECサイトの受注に応じ、問屋へ商品の発注依頼を送信
	請求書データ入力作業	売上管理システムの入力に応じて、請求書を生成し送信
	交通費精算確認業務	社員が入力した交通費の金額を乗換案内サイトで金額、経路の確認
	連絡督促業務	入力依頼したフォームへの入力状況のチェック、督促メールの配信
	定期書類発行業務	定期的に各種システムから利用状況レポートなどを配信
	メール受信業務	メールを受信して内容に応じ対応部署に振り分ける
	メール発信業務	メールを内容に応じ宛先に振り分け、定型メールを配信する
	原稿掲載などの入力	掲載依頼に応じ、コピペして自社サイトなどに原稿を掲載

Lesson ［RPAと従来型システム］
05 従来型システムに対する RPAの優位性

このレッスンの
ポイント

多くの企業では、すでに何らかのシステムが動いているで
しょう。生産管理や会計管理などを束ねた基幹システムや
経費精算システムなどです。RPAはこれらのシステムに対
してどのような優位性があるのでしょうか。

○ 教育コストが少ない

RPAは、プログラミングなどの専門的な
知識がなくても利用できます。そのため、
情報システム部門や開発部門といったIT
リテラシーの高い部門だけでなく、一般
の業務部門で働く一般のスタッフでも扱
いやすいのが特徴です。もちろん、使い

こなすためにはRPAツールの操作方法を
覚える必要がありますが、難度としては、
「Excelのマクロの記録」くらいのレベル
感です。プログラミング言語を習得する
ほどの時間はかかりません。

▶ **RPAに対するほかの自動化ツールのメリットデメリット比較表** 図表05-1

ツール	コスト	開発期間	投資リスク	効果
RPA	中	短い	低い	高い
Excelマクロなど	低い	短い	低い	低い
ASPサービス	中	短〜長	低い	高い
システム開発	高い	長い	高い	高い

コストは「低い」、開発期間は「短い」、投資リスクは「低い」、効果は「高
い」ところが優位性がある

👍 ワンポイント ITリテラシーとは？

「リテラシー」という言葉は、もとも
と読解力といった意味ですが、最近で
は「その物事を理解して活用する力」
というニュアンスで用いられます。簡

単にいえば、「ITリテラシー」であれば、
ITについて一定の知識があり自分で活
用できる、というくらいの意味だと考
えておけばよいでしょう。

○ 大きな投資やシステム改修がいらない

業務効率化を図る際に行われるIT化やシステム統合には、通常大きな投資やシステムの改修が必要になります。しかし、レッスン1で説明したように、RPAは既存のシステムをまたいで人の代わりに繰り返し業務を行います。また、日常的に行う小規模な作業であれば、各自のパソコンにインストールして個々の環境で動作することもできます。つまり、既存のシステムは現状のまま使いながら、RPAを導入できるのです。大規模な投資やシステム改修のリスクなしに業務効率化を図ることができます。「システム」についてはレッスン15で解説しています。

○ すでにある業務の変更が少なくて済む

3つめのメリットは、すでにある業務の変更が少なく済むことです。

通常、業務を効率化するとなると従来のやりかたを変える必要があります。たとえば新たなシステムに切り替えればその操作を覚えなければなりません。また、仕事の流れや手続きを変更することでかえって業務が煩雑になったり、思わぬトラブルが発生したりする可能性もあります。言い換えれば、それなりのコストが発生するのです。

RPAによる業務効率化は、すでにある仕事の流れの一部をロボットに代行してもらうことで実現します。そのため、今ある仕事の流れを大きく変えることなく業務の効率化を図れるのです。

▶ **従来システムに対するRPA化の優位性** 図表05-2

従来のシステム

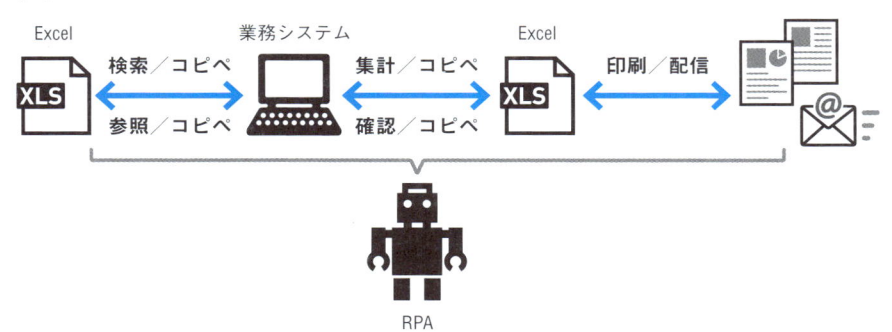

従来からのシステムや業務フローはそのままに、RPAは上乗せして利用できるため、システム改変、業務フロー変更などのコスト、リスクが低い

Lesson ［RPAと業務効率化］

06

RPAは個々の仕事に何をもたらすか？

**このレッスンの
ポイント**

ここまでに**RPA**の導入が社会や企業で求められていること
を述べてきました。それでは、**RPA**はあなたの仕事にどの
ような影響をもたらすのでしょうか。<u>RPAを導入した後の
変化</u>をイメージしてみましょう。

● 一般社員がデジタルレイバーを働かせる時代

RPAによってもたらされる「デジタルレ
イバー」（コンピューターソフトウェアに
よる仮想的な労働者）は24時間働き続け、
地味な作業も繰り返し、文句もいわず、
飲みニケーションも不要です。いってみ
れば、人間のスタッフをマネジメントす
るスキルがない一般の社員でも部下を持

てるようなものです。しかし、人間が間
違ったことを教えたら、RPAはずっと間
違え続けてしまいます。一定の「RPAリ
テラシー」を持ち、正しい方法でロボッ
トを扱える「デジタルレイバーマネジメ
ント術」がこれからの社会人の必須知識
となるかもしれません。

▶ デジタルレイバーのメリットとデメリット 図表06-1

メリット	デメリット
・24時間稼働 ・文句をいわない ・辞めない・採用不要 ・感情フォロー不要 ・低時給・福利厚生不要	・ロボット設計コストがかかる ・業務を間違えて設計すると間違えたまま ・業務変更などに弱い ・判断はできない ・メンテナンスは必要

人間の労働者とデジタルレイバーを比べた場合、一般的にこれらのメリットやデメリットがある

人間は複数の仕事を束ねる工場長に

コンピューターの進化とインターネットの発展による社会のIT化は、私たちの生活に多大な恩恵をもたらしました。そしてITは仕事における生産性の向上にも欠かせないものです。電卓、ワープロ、パソコン、スマートデバイスと私たちが仕事で使うデジタルツールも進化してきましたが、作業の主体は人間で、道具は個人の作業効率を上げるものにすぎませんでした。しかしRPAは、これまで人間が主体となって行ってきた作業をロボットが代行するものです。すなわち、RPAを導入することはロボットの労働者（デジタルレイバー）を何人も雇うことなのです。デジタルレイバーをうまく使いこなせば1人の人間の仕事量が飛躍的に向上する可能性を持っているのです。これからRPAなどの自動化ツールが進化していく過程で、私たち人間は複数の生産ラインを束ねる工場長のような役割に変化していきます。

▶ 複数の工場ラインのイメージ 図表06-2

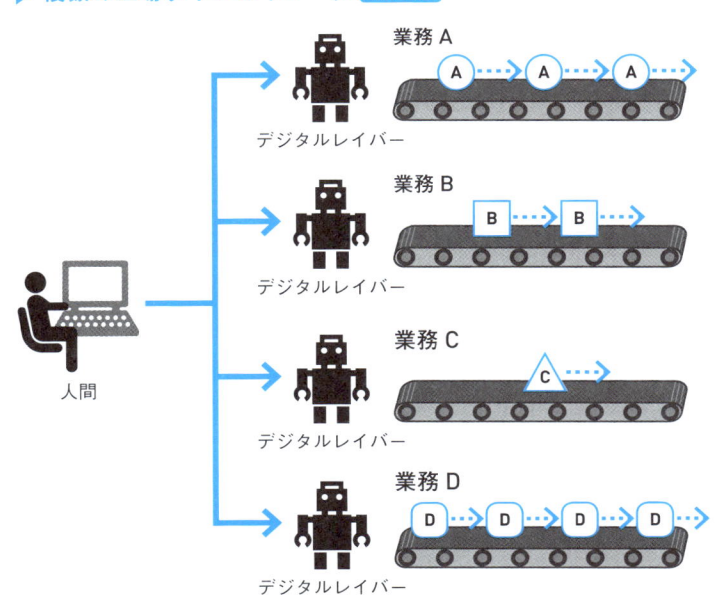

業務 A
デジタルレイバー

業務 B
デジタルレイバー

業務 C
デジタルレイバー

業務 D
デジタルレイバー

人間

RPAの導入で単一業務労働者から、複数の業務を束ねる多能工、工場長へ

Lesson [RPA導入の主体]

07 現場主導のRPAで得られる副産物

**このレッスンの
ポイント**

ロボットやデジタルレイバー、自動化というと、エンジニアや情報システム部門が主体となって推進するイメージを抱くかもしれません。しかし、実際には現場主導でRPAを導入するからこそ得られる副産物も大きいのです。

○ RPA導入の主役は現場のスタッフ

これまで述べてきた通り、RPAは私たちが手作業でしてきたパソコン上の事務作業をロボットに代行してもらい、業務の自動化や効率化を図る取り組みです。これを実現するには経理や総務といったRPAを取り入れるバックオフィスの業務を知り尽くしている必要があります。そのためエンジニアや情報システム部門の主導に任せていてはうまくいきません。

RPAを導入するためには、自社業務のうちどこが自動化できるのかをあらかじめ把握したうえでないと検討のしようがありません。そのため、現場スタッフで導入プロジェクトを立ち上げて、業務の現状を洗い出し、無理のない形でRPAによる効率化を設計しなければ業務が回らなくなってしまいます。エンジニアではなく現場のスタッフが導入の主導権を握るべきです。

▶ **現場スタッフがRPAの導入を主導** 図表07-1

主導権

現場スタッフ

RPA

情報システム部門
スタッフ

業務内容を一番理解している現場スタッフが主導権を握る。ただし実際にロボットを設計・作成するのはエンジニアや情報システム部門と協働で行う

この後の章では
RPAの具体的な
導入ノウハウを解
説していきます。

人材配置の戦略に活きる

最近のRPAツールはプログラミング不要なものが増えています。そのためエンジニア不在の現場スタッフのみで構成されたRPAの導入プロジェクトも見受けられます。この流れはあなたの職場にとっても、日本の人材環境にとってもよいことです。

IT系、非IT系の企業でも「エンジニアが足りない、採れない」と嘆く方は多いでしょう。ITエンジニアは人手不足です。経済産業省の推計では、IT人材数は2018年で92.3万人いて、需要に対して24.3万人が不足しています。そして2030年には85.7万人に減り、不足数は58.6万人に達するといわれています（経済産業省「ITベンチャー等によるイノベーション促進のための人材育成・確保モデル事業」より）。多くのエンジニアにとってRPAなどの業務効率ツールの開発は「工数がかかる割に評価されない」仕事であり、なるべく避けたいのが本心です。ただでさえ足りないエンジニアにより高度な業務に取り組んでもらう人材配置の戦略としてもRPAは有効な解決策になるでしょう。

導入に失敗しても仕事に活かせる

RPAの導入は「誰でもできる」のです。そのため当然、RPAの導入に失敗することもあります。しかし、意外に思うかもしれませんがRPAの導入に失敗しても仕事は楽になります。なぜなら、人の仕事をロボットに真似させるために、今ある業務の洗い出しと、業務をわかるようにする標準化の作業を行ったはずだからです。つまり失敗だったとしても、業務内容のリストと設計図が残るのです。このリストや設計図があれば、「働き方改革」で大事な、仕事そのものをやめる、外部に委託するといった判断ができるのです。

▶ **RPA導入は業務改善と同じ** 図表07-2

業務洗い出し → 見える化 → 標準化

- 社内業務がわかるようにする
- 誰が見ても業務がわかるようにする
- 誰がやっても業務ができるようにする

→ **システム化**
システム開発する

→ **RPA化**
RPAで自動化する

→ **BPO など**
アウトソーシングする

RPAを導入するまでの過程で得られるものは、RPA以外の業務改善にも活きてくる

⚠ COLUMN

街はオフィスより「ロボット」が活躍している？

RPAはロボットによる自動化といったニュアンスで報じられるため、これまでにない先端事例のように感じるかもしれませんが、ロボットは意外と生活に溶け込んでおり、すでに人間の業務を代替しています。

たとえば毎日のように立ち寄る飲食店。回転寿司のシャリを握るシャリ玉ロボットなどは話題になったのでご存じの方も多いでしょう。最近ではたこ焼きもロボットが作ります。コネクテッドロボティクス株式会社が提供する「OctChef」はたこ焼きを自動で作ります。米国では完全自動化されたカフェやハンバーガーショップが登場しています。

日中皆さんが働くオフィスが入居するビルなどの設備では、警備員のロボット化が進んでいます。たとえば綜合警備保障株式会社（ALSOK）が提供する「Reborg-X」、明治大学発のスタートアップSEQSENSE株式会社が提供する「セキュリティロボットSQ-1」などの警備ロボットが実用段階に入ろうとしています。三菱地所は、本拠とする東京都千代田区の丸の内地区で管理して

いるビルの警備や案内、清掃にロボットを活用すると発表し、西武鉄道や羽田空港でも実証実験が次々にはじまっています。

休暇に利用する宿泊施設では「史上初、ロボットが接客するホテル」としてギネス記録に認定されたホテルがあります。長崎ハウステンボスに隣接する「変なホテル」はロボットが接客するホテルとして話題になりましたが、舞浜エリアから西葛西、銀座、浜松町、浅草橋、赤坂、羽田、ラグーナテンボスに開業予定です。このホテルでは恐竜型や女性型のロボットがフロントを務め、クロークサービスでは、ロボットアームが荷物を出し入れします。20秒程度でチェックインが完了し、荷物を運ぶポーター、掃除などにもロボットが導入されています。

IDC Japanの予測によれば、日本国内の商用ロボット市場は2016年から2021年まで年複利成長率（CAGR：Compound Annual Growth Rate）18.3％で成長し、2021年には2兆1236億円まで拡大すると予測されています。

すでに私たちはオフィスで活躍するRPAだけでなく、街でもロボットと協働する時代に生きているのです。

Chapter

2

RPAでできることを
知ろう

RPAそのものに対する理解を
深め、導入に向けた準備を進
めていきましょう。この章では、
RPAとはどんなものか、どん
な業務が向いているのかを解
説します。

[RPAの定義]

08

RPAとは何か
理解しよう

**このレッスンの
ポイント**

RPAの実体は、<u>コンピューター上で動くソフトウェア</u>です。
人間が行う操作を覚えて自動的に実行する機能を備えていますが、ほかにも自動化ソフトウェアはあります。**RPAと**
そのほかのソフトウェアとの違いを理解しましょう。

⭕ RPAはソフトウェア

RPAは、コンピューター上で動くソフトウェアです。そのため、RPAを導入するということは、簡単にいえばコンピューター、つまりパソコンやサーバーにソフトをインストールするということです。そうして、インストールしたコンピューター上でRPAを起動し、その状態で自動化したい操作を記録していきます。たとえば **図表08-1** のように①〜④の作業があったときに、RPAソフトが自動的に行ってくれます。RPAごとに記録のしかたにもいくつかありますが、たとえば人間が操作しているところをRPAソフトで録画するようなイメージです。そして録画した操作と同じ操作を、「自動的に、繰り返し、高速で行う」、それがRPAです。

▶ **RPAにできること** 図表08-1

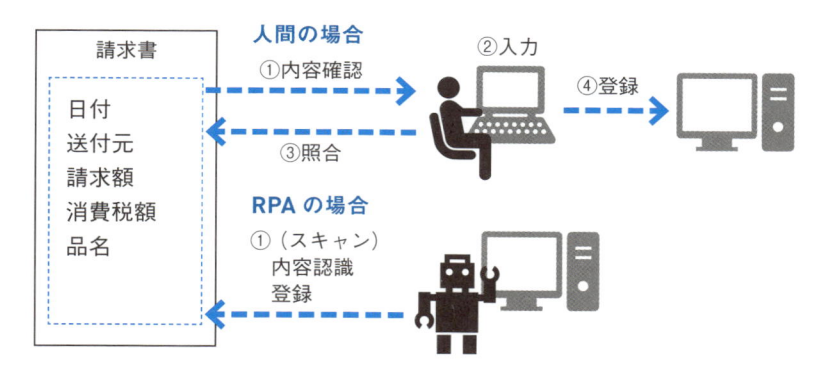

請求書	人間の場合	②入力
日付	①内容確認	④登録
送付元	③照合	
請求額		
消費税額	RPA の場合	
品名	①（スキャン）内容認識 登録	

たとえば請求書の登録を人間が行う場合は、目視して内容を入力、入力内容を紙と照合、システムに登録、という作業になるが、RPAの場合、人間は請求書のスキャンだけを行えば、あとは自動的にやってくれる

RPAの定義

これまでにも、業務を自動化・効率化するソフトウェアやプログラムはありました。たとえばExcelのマクロは、自分が行った操作を記録して自動化するという点で、RPAと似た機能といえます。また、BIツールなど、データを自動的に分析し、レポート作成まで行ってくれるツールもあります。これも広い意味ではRPAです。また、自動化といえばAI（人工知能）との違いも気になるところでしょう。実際のところRPAはとても広い概念で、その範囲に応じて 図表08-2 の3つに分類できます。執筆時点ではこのうちCLASS1が最も実用化が進んでいて、CLASS2についても製品化されたものが出てきていますが、本書では最も導入しやすく、かつ効果が見えやすいCLASS1を中心に説明していきます。

▶ **RPAの段階** 図表08-2

CLASS1	指示されたとおりに動く定型業務の自動化
CLASS2	機械学習など AI 技術を用いた分析
CLASS3	プロセスから意思決定まで自律的に行う

RPAと従来型プログラムの違い

RPAは、「さまざまな目的に利用できる、複数の作業を横断的に自動化できる」オートメーション（自動化）ツールであるともいえます。「さまざまな目的」というのは、Webの情報収集であったり、交通費精算であったり、請求書の台帳登録業務であったりと、自動化したいさまざまな業務に汎用的に適用できるという意味です。「複数の作業」というのは、「Webサイトにアクセスして」→「titleタグに指定された文字列を取得する」という異なる操作を連続して行えるという意味です。そして「横断的に」というのは、画面の切り替えだったり、ソフトウェアの切り替えだったりと、複数のシステムにまたがって自動化できるという意味です。

そのため、チャットボットのような、自動的に応答するだけ、といった1つの作業のみを行うツールはRPAに含みません。

> **RPA と AI の違いについてはレッスン 11 で詳しく説明します。**

[RPAの仕組み]

09 RPAがどのような仕組みで動くか理解しよう

**このレッスンの
ポイント**

RPAは、人間がパソコン上で行う操作を代行してくれます。そのためにまずは人間がRPAにやってほしい操作を登録する必要がありますが、この登録のしかたには主に「座標方式」「画像方式」「オブジェクト方式」の3種類あります。

⭕ RPAの基本的な仕組み

RPAはレッスン8で説明したように、人間がパソコンで行う「クリック」「コピー＆ペースト」(貼り付け)、「文字入力」といった操作を覚えて、そっくりそのまま再現します。人間によるマウスとキーボード操作をロボットが代行するイメージです。

こうした操作を行うために、RPAは人間が画面のどこをどう操作したかを認識しなければならないのですが、この認識方法には3種類があります。「座標方式」「画像方式」「オブジェクト方式」で、それぞれを詳しく見ていきましょう（図表09-1）。これらの認識方式は、人間が最初にRPAに操作を登録するときに意識しておく必要があります。認識方法によって、操作に変更が生じたときの対応が異なるためです。

▶ 3つの認識方式 図表09-1

座標方式
- 特　　徴：パソコン画面上の操作位置を点（座標）でとらえる
- メリット：固定された位置を操作するため処理が高速
- デメリット：ウィンドウサイズが変わるなど座標位置が変わると動かなくなる

画像方式
- 特　　徴：操作対象のウィンドウやボタンを画像認識でとらえる
- メリット：同じ画像として認識できる限り追随できる
- デメリット：同じウィンドウが複数表示されている場合やデザインが変わると機能しなくなる

オブジェクト方式
- 特　　徴：操作する Web ブラウザなどの画面のソースコードを解析し、操作対象（オブジェクト）をとらえる
- メリット：デザイン変更や画面サイズ変更に強い
- デメリット：ソースコードを読める程度のスキルが必要なものもある

▶ 座標方式による認識 図表09-2

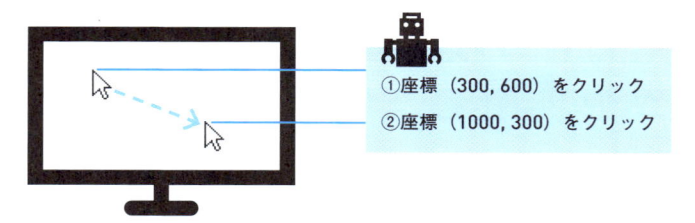

①座標（300, 600）をクリック
②座標（1000, 300）をクリック

パソコンの画面を縦横の座標数値でとらえるため、高速に処理できるが
操作位置が変更になると修正が必要

▶ 画像方式による認識 図表09-3

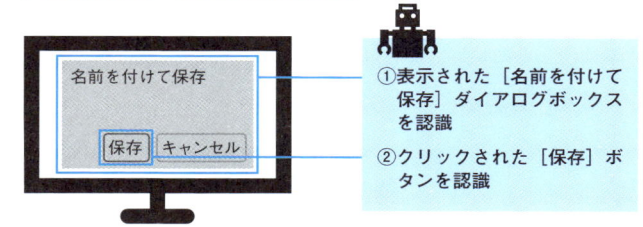

名前を付けて保存

保存 キャンセル

①表示された［名前を付けて
保存］ダイアログボックス
を認識
②クリックされた［保存］ボ
タンを認識

画像認識技術を用いて、操作対象を認識。操作対象が移動してもとらえ
られるが、デザインが変わると修正が必要

▶ オブジェクト方式による認識 図表09-4

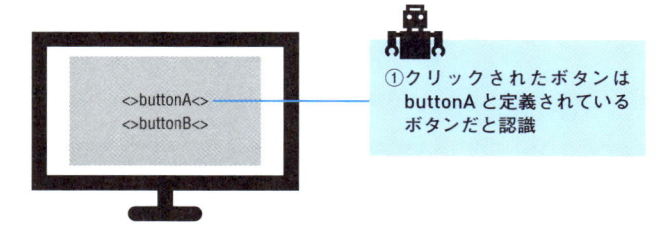

<>buttonA<>
<>buttonB<>

①クリックされたボタンは
buttonA と定義されている
ボタンだと認識

操作対象をソースコードなどから定義してとらえる。デザインなどが変
わってもソースコード上の定義が変わらなければ追随可能

画像方式で操作を記録して、部分的にオブジェクト方式
で修正する、といったように、複数の方式をミックスし
たRPAもあります。また、オブジェクト方式でもユーザー
がソースコードを読む必要なく扱えるものもあります。

Lesson 10

[RPAの提供タイプ]

提供方法の違いによるRPAの特徴を理解しよう

このレッスンのポイント

RPAには提供のタイプが3つあります。筆者による分類になりますが「オンプレミス型」「クラウド型」「デスクトップ型」の3種類です。それぞれの強みと弱みを把握してあなたの職場での導入に向けて考えてみましょう。

⭕ RPAがどのように提供されているかを知る

RPAを利用したい範囲は、業務の内容や規模など、現場によって異なるでしょう。たとえば特定の部門の特定のコンピューターといったごく少数のパソコンにだけ導入すれば足りるといった場合もあれば、数十人単位の部門でそれぞれのコンピューターに導入する必要があるケース、あるいは特定のシステムが稼働するサーバー上で動かせば足りるといったケースもあります。また、業務ごとに自動化したい内容も異なるため、場合によっては現場でカスタマイズしないと使い物にならない状況も起こりうるでしょう。このようなさまざまなニーズに応じられるように、RPAの提供方法にも複数のタイプがあります（図表10-1）。

▶ RPAの提供タイプによる特徴一覧 図表10-1

タイプ	導入コスト	導入時間	導入規模	1ロボットあたりのコスト	向いている業務
オンプレミス	中	短～長	中～大	低い	大量・多品種、高いセキュリティが要求される業務
クラウド	低い	短い	小～中	中	少量・多品種
デスクトップ	低い	短い	小	中	PC1台で行う業務、高いセキュリティが要求される業務
開発	高い	長い	大	高い	仕様に応じ特殊業務も可

開発型は、昨今売り出されているRPA製品やサービスのようにパッケージ化されたものではなく、新規に開発する自動化ツールを指す

● 自社サーバー上にインストールする「オンプレミス型」

「オンプレミス」とは、自社の設備内にあるサーバー上にRPA環境を構築することです。「サーバー型」とも呼ばれ、RPA製品を自社サーバーに導入し、サーバー上で業務を自動化します（図表10-2）。各部門の日次売上集計業務など、同時に行う業務や小さな業務を多数のロボットに行わせるのに向いています。社内のRPA工場といえるでしょう。また、自社サーバーで運用するので、個人情報を扱うような高いセキュリティ要件が必要な業務にも向いています。サーバー上で構築するため、大量のロボットを作成可能である点、それらのロボットを一括管理できる点、社内業務の広い範囲に渡って適用可能な点が大きなメリットとなります。一括で管理できることは、将来的に業務範囲を広げる場合にも適用しやすいということです。

しかし高機能な分、導入コストで数百万、月額コストも数十万かかる点で、導入のハードルは高いといえます。

▶ オンプレミス型RPAの稼働イメージ 図表10-2

サーバー側で稼働

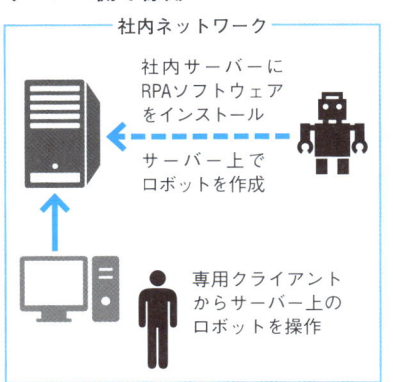

クライアント側で稼働

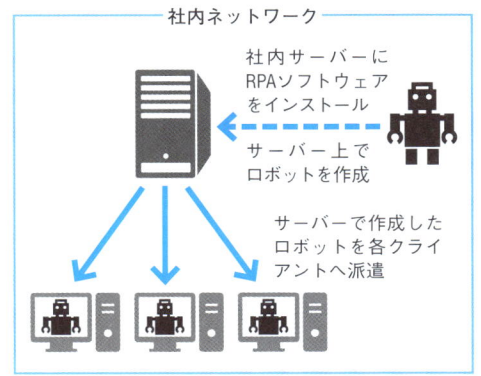

オンプレミス型には、ロボットがサーバー内で動くものや、ロボットをサーバーから各パソコンに派遣して動かすものなどがある。一括して管理できる点が特徴

👍 ワンポイント　オンプレミス型の「クラウド型」

オンプレミス型には「クラウド型」が発売されはじめています。これは次の項目で説明する「クラウド型」とは異なり、社内からのみ利用できるオンプレミスの特徴をそのままに、AWSなどのクラウドサーバーにRPAをインストールするタイプの製品のことです。

● Webサービスとして利用できる「クラウド型」

クラウド型（SaaS型）は、Webサービスとして提供されているRPAをWebブラウザから利用するタイプです。自社内にサーバー環境を構築する必要なく、パソコンでWebブラウザを立ち上げてRPAのWebサイトにログインするだけで利用できます（**図表10-3**）。オンプレミス型に比べて導入コストが低く、また非エンジニアでも使いやすいユーザーインターフェイスで手軽に利用できるのが特徴です。適用できる業務としては、路線情報サイトを使ってルートから交通費を取得したり、ほかのクラウドサービスと連携した

業務が自動化できたりします。また、新しい機能が随時追加されていくのもクラウドサービスならではの特徴です。デメリットとしては、クラウド上に業務データをアップする必要があるため、データ漏えいなどセキュリティ上の危険性がないか、秘匿性はどのように担保されるのかを事前にチェックする必要があります。また、稼働時間に応じて課金されるサービスの場合、多数のロボットを稼働させる場合はほかのタイプと比較して割高になることがあります。

▶ **クラウド型RPAの稼働イメージ** 図表10-3

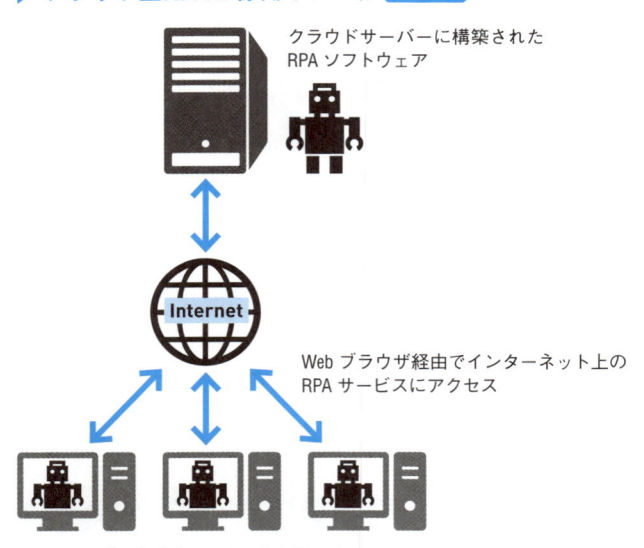

クラウドサーバーに構築された
RPA ソフトウェア

Web ブラウザ経由でインターネット上の
RPA サービスにアクセス

Web ブラウザ上でロボットを動かす

インターネット経由でRPAサービスにアクセスして
利用する。Webブラウザ内で行う作業向き

個別のパソコン上で利用できる「デスクトップ型」

デスクトップ型（インストール型、クライアント型）RPAは特定のパソコンにインストールするタイプです（図表10-4）。そのため、そのRPAが適用できるのは、そのパソコン内で行う業務だけとなります。パソコン内で稼働させるため、セキュリティはそのパソコンの設定に依存し、動作の安定性や速度についても、そのパソコンのスペックに依存します。個々のパソコン内で動作するため、手軽に導入

できるのがメリットです。しかし部門単位や会社全体としてのRPAの管理がしづらい場合があり、個人情報を外部に流出させるような危険なRPAロボットが作成された場合に検知が難しいといったデメリットもあります。情報システム部門がロボット作成と運用を管理し、十分なPCスペックとIT統制体制が準備できる場合に向いた手法といえるでしょう。

▶ デスクトップ型RPAの稼働イメージ 図表10-4

個々のパソコンに直接 RPA ソフトウェアをインストール

パソコン1台ごとにインストールして利用する。個人のパソコンや共有マシンにインストールできるので、小規模な作業の自動化に向いている

> 2017年頃まではデスクトップ型は中央管理ができないものがほとんどでしたが、2018年頃から各デスクトップにインストールされている RPA を中央管理できるオプションサービスが発売されはじめ、管理しやすくなっています。

👍 ワンポイント　開発型RPAとは？

ゼロから自社専用のRPAを開発していくタイプを「開発型」と呼んでいます。代表的なものとして「Selenium」があります。業務に合わせてRPAを開発するので、現場の作業にきめ細かく対応し、セキュリティ面でも強いRPAが作れます。一方で開発コストと時間がか

かるというデメリットがあり、業務内容に変更が発生するたびにRPA自体を修正するコストもかかります。自社にエンジニアが豊富にいる場合や、業務が法律の規制などによって固定的な場合、予算と時間が許される場合に向いている手法だといえるでしょう。

Lesson 11 ［RPAとAI］

AIにつながるRPAの導入

**このレッスンの
ポイント**

コンピューターによる自動化と聞いて思い浮かぶ概念としては、**RPAよりもAI（人工知能）のほうが一般的かもしれません。RPA化に取り組む際に、AIとの違いを把握しておく**ことで将来的なAI導入のハードルを下げられるでしょう。

◯ AIとRPAは何が違うのか？

現在のAIでできることは、「データにもとづいて予測（推論）や分類を行う」ということです。膨大なデータから人間が読み取れないルールを見つけ出し、そのルールにもとづいて何らかの結果を導くのがAIです。身近な例であれば、スマホで撮った写真を被写体ごとに自動的に分類したり、過去の気温データと売上データの相関関係から売上予測を立てたり、といったことを実現します。逆にいえば予測・分類という限られた範囲でしかAIは使えません。

一方のRPAはより広い概念です。これまでも説明したように、人間の代わりに作業を行うソフトウェアロボットなので、AIによる自動化もRPAに含まれます。実際にRPAの機能の1つとしてAIが組み込まれたものもあります。昨今の働き方改革の文脈で語られる「RPA」は、推論や判断といったAIで行う領域よりも、 図表11-1 のように人間が設定したルール通りに動くソフトウェアのことを指す場合が多いです。

▶ RPAとAIの違い 図表11-1

RPA は指示通りに動く

AI は最適な判断をしながら動く

人間が設計したとおりに動作するRPAに対して、AIは過去のデータにもとづいた推論を行う

AI化を見据えてRPAを導入する

よく「AIに仕事を奪われる」といいますが、今後、働き手が減少する中で生産性を維持するためにはAIの導入は避けられないでしょう。また、競争力を維持する観点でも大量のデータをAIで分析する必要性は高まります。そしてRPAを導入するということは、将来的にAIを導入する下地にもなります。RPAから段階的にAIの導入につなげていくことで、AIに対する漠然とした抵抗感は薄れ、自然に受け入れることができるでしょう。そのため、RPAを導入する時点でAI化を見据えておくことをおすすめします。

具体的に何をどう見据えるかというと、AIに行わせる「業務が何か」と、それに必要な「データをどう集めるか」ということです。ここまで説明したように、AIにできるのは予測と分類です。そしてそれを行うには膨大なデータが必要です。AIで自動化したい業務が予測・分類に当てはまるのか、十分な量・精度のデータをどう蓄積するのか、という部分を見据えて取り組みましょう。AI化を見据えるといってもなかなかイメージが湧きづらいので、具体例を挙げて説明します。

AI化を見据えたRPAの例

見積書の発行業務を例にRPAとAI化について考えてみましょう。A社では、営業社員が自らExcelに必要事項を入力して見積書を作成し、印刷から送付まで行っていました。そこにRPAを導入し、入力データをメールでRPAのシステムに送ると自動的に見積書が作成され、お客様にメールで見積書が送信される仕組みを作りました。ここまでは入力をもとにして「教えた通りに動く」ルールベースのRPAといえるでしょう。

運用を続けるうちにある程度データが溜まってきたので、見積書の数や料金、顧客の傾向をもとに、営業社員ごとにアドバイス（推論）するツールを作ることにしました。過去の営業実績をもとに「Aさんの過去の実績ですと、あと見積書を5通出せば売上目標達成しそうです」といったアドバイスを行うのです。ここからはRPAの入力データをもとにしたAIの領域です。

👍 ワンポイント　ルールベースとは

あらかじめ決められたルールに従って動作するプログラムのことを「ルールベース」といいます。「AならB、Aなければ C……」のように、人間がルールを設定することで何らかの実行結果を得ます。これに対して、膨大なデータから人間が読みとれない何らかの結果を得る仕組みが機械学習などのAI関連技術です。

● RPAでAIに必要なデータを集める

このように、AIが精度の高い予測・分類を行うにはある程度の量のデータが必要です。しかし、多くの企業ではAIで予測・分類したい業務のデータが蓄積されてない場合や、そのままでは活用できないデータ（たとえば紙でしか存在しないなど）であることがほとんどです。

しかし、RPAを導入済みであれば、そこからAIを組み込むことは難しくありません。RPAによってコンピューターが理解できる形式のデータを収集できている状態が作れれば、そのデータをもとにした推論や判断を行うAI化の道が開けるのです。

● AIを導入するハードルをRPAで下げる

データ以外にも、業務にAIを取り入れるにはそれなりのハードルがあります（図表11-2）。そもそも導入して実際に動かすまで効果が見えにくい、データの扱いに長けた人材がいない、といったことです。前述の例だと「Aさんの過去の実績だと、あと見積書を5通出せば売上目標達成しそうです」という推論が出されても、その根拠が人間に理解できず、5通出したところで本当に目標が達成できるのかは誰にもわからないのです。

効果がわからないものに対して予算を得るのは困難です。しかしRPAで業務効率化の効果が出ていれば話は別です。RPAはAIを含む概念であるという認識が共有できていれば、なおさらAIを導入するハードルはぐっと下がるでしょう。その観点でも、RPAの導入は有効です。本番では図表11-3 の②をゴールとしてこのあとの章で導入・運用ノウハウを解説していきます。

▶ **RPAからAIに進化するイメージ** 図表11-2

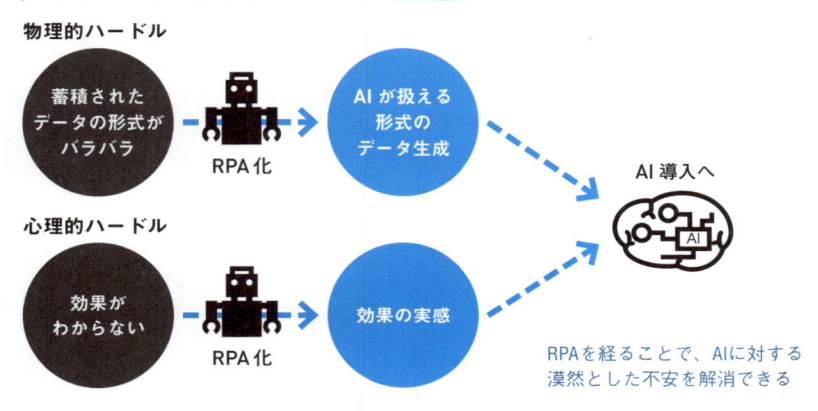

物理的ハードル

蓄積されたデータの形式がバラバラ → RPA化 → AI が扱える形式のデータ生成 → AI 導入へ

心理的ハードル

効果がわからない → RPA化 → 効果の実感 → AI 導入へ

RPAを経ることで、AIに対する漠然とした不安を解消できる

▶ 段階的にAIを導入する土壌を作る 図表11-3

① 現状

現状（課題の認識）
・残業時間の増大
・データの不整合
・AI・データサイエンス領域の人材の不在

② RPA 化

RPA 導入の提案（課題の解決）
・自動化による残業削減、コストの削減
・データの整備、分析開始
・AI・データサイエンス領域の人材の採用

③ AI 化

AI 化の提案（将来のビジョン）
・付加価値業務へ投資
・AI を用いた高度な分析、判断開始
・AI・データサイエンス領域の人材の採用

RPAの導入を推進することは、現状の課題を認識することにはじまり、RPA化によって現状の課題が解決され、AI化による高付加価値の創出ビジョンの共有につながる

「RPA から AI」を語れると、説得力も実績もアップします。AI はある種のトレンドワードですが、使いようによってはあなたの強い味方になります。

👍 ワンポイント　AIを支える機械学習

AIでできることは予測と分類だと説明しました。もしかすると「え？それだけ？」と感じた人もいるでしょう。RPAに段階があるように、AIにも段階があって、現時点でAIといわれているものは、予測と分類という機能に特化しています。そしてこれらの機能を支えているのが「機械学習」です。機械学習とは、簡単にいうと、大量のデータにラベルをつけて機械（コンピューター）に読み込ませます。すると、機械はデータとラベルをひもづけて学習します。こうしてできあがった「学習モデル」に新しいデータを読み込ませると、自動的にラベルをつけて分類してくれるというわけです。

[RPAの勘所]

12 RPAで成果が得られる業務、得られない業務

このレッスンの
ポイント

業務効率化や働き方改革関連の展示会では「**RPAなら万事解決！**」といった売り込みを見かけることもあります。しかし **RPAは万能ではありません**。**RPA**で得られる成果はどのレベルまで期待できるのか、把握していきましょう。

○ RPAは何でもできるわけじゃない

RPAは万能ではありません。現時点では、PDCAのうち、「PCA」（Plan：　計画、Check：検証、Action：改善）は人間でないと行えず、RPAは「D」（Do：実行）のみ可能です。また、「D」の範囲だとしても 図表12-1 に当てはまる業務はRPAは対応できないと考えたほうがよいでしょう。その一方で 図表12-2 に挙げた例のように、

多くの業務でRPAが活用できます。このように、企業にある全部門で、RPAの対象になる業務があることがわかるかと思います。これらの業務に共通する特徴は「繰り返し」です。そして、何度も繰り返し作業が必要な業務ほど人間にとっては「面倒」であり、「非生産的」なのです。

▶ RPAに向いていない業務 図表12-1

避けたい業務	理由
変更が多い画面での業務	画面の変更が起きるたびにロボット修正を行う必要がある
デザインが複雑な業務での画面	デザイン要素によっては対応できない
止めてはいけない業務	入力データのトラブルで止まる可能性がある
ルールが多い業務	ルール同士がバッティングして処理できなくなる
セキュリティが必要な業務	セキュリティ要件の整備に時間がかかるため
スマホを使う業務	画面サイズが機種によって異なり、対応しきれないなど
高い処理能力を必要とする業務	高度なマシンスペックが必要になる
業務フローが長い業務	一部で画面変更などが発生すると停止する
業務フローが変わりやすい業務	フローの変更にロボットが対応できない
例外処理が多い業務	ロボットが例外処理に対応できない

▶ RPAで自動化できる業務の例 図表12-2

想定される部門	業務の例	業務の内容
共通	連絡、督促	入力依頼したフォームへの入力状況のチェック、督促メールの配信
	定期書類発行	定期的に各種システムから利用状況レポートなどを配信
	メール送受信	メール内容から送信先を振り分ける。定型メールを配信
	書類スキャン	スキャンした書類をPDF化し、業務システムに登録
営業	見積発行	見積依頼から自動的に見積を発行
	競合サイト巡回	競合サイトを巡回し、掲載情報をまとめたレポートを作成
	販売状況調査	自社サイトを巡回し、販売状況をまとめたレポートを作成
	日報作成	営業管理ツールなどの数値をもとに定型レポートを作成して送信
	CRM入力	顧客管理システムにデータを入力
	レポート作成	顧客向けに広告の効果や販売状況などの定期レポートを送信
経理	売掛・入金	入金情報に応じて、回収リスト、消込、システムへの入力を行う
	買掛・支払	支払情報に応じて、支払リスト、消込、システムへの入力を行う
	資産管理	資産台帳に応じて、会計システムへの入力、税務提出書類の作成
	請求書データのシステム入力	売上管理システムの入力に応じて、請求書を生成し送信
	交通費精算確認	社員が入力した交通費を乗換案内サイトで照合
	預金残高作成	オンラインバンキングシステムなどで預金残高を照会して取得
人事	過重労働管理	勤怠システムをチェックして、過重労働者へのメールで通知
	人事考課管理	人事考課の入力状況を確認して、未入力者への督促メールを送信
	給与台帳作成	給与の変更などに応じて給与台帳を更新
	採用システム入力	各媒体のデータを採用管理ツールにアップロード
	媒体利用	各媒体のスカウト検索、メール配信
監査	反社チェック	特定のキーワードを検索し、引っかかる場合に通知
	与信チェック	業務システムで与信可能企業か照会し通知
経営企画	経営向けレポート発行	経営会議などの会議体に応じて、各種システムから情報を取得してレポートを作成
	稟議書チェック	稟議書の項目をチェックして、NGのものを戻す
制作	ECサイトの受注処理	自社ECサイトの受注に応じ、問屋へ商品の発注依頼を送信
	原稿掲載などの入力	掲載依頼に応じ、テキストを取得して自社サイトなどに原稿を掲載
カスタマーサポート	問い合わせ対応	問い合わせメールに対して定型メールを返信

ⓘ COLUMN

会話も自動化するチャットボットの進化

RPAでは、定期的に行われる業務を自動化できますが、受付業務や電話対応業務もロボット化が進んでいます。代表的な技術が「チャットボット」です。従来は人間が行ってきた簡単な会話や応答を自動化する技術ですが、名前の通り、チャット（会話）をするロボットの略称が「ボット」というわけです。最近、都心のオフィスビルでは受付から人の姿がなくなっています。人の代わりに受付を務めるのはクラウドを利用したiPad無人受付システムです。たとえば、「RECEPTIONIST」では内線を使わずSlackやLINE WORKSなどのビジネスチャットを介して担当者に来訪者通知をするサービスを提供しています。これまでも受付業務の自動化を目指したiPadのアプリサービスなどは存在していましたが、取次をする人間の存在が残っていました。それを直接来訪先に通知することで、受付から取次までに人間が一切介在しないのが、こういった受付チャットボットの特徴です。

また、カスタマーサポートの分野などでも無人の問い合わせ窓口が増えています。元コールセンターの役員が考案した「Karakuri」ではカスタマーサポートに特化したAIが24時間、365日、ユーザーからの問い合わせに対応します。カスタマーサポートでは、緊急度の低い同じような内容の質問で電話窓口がパンクしてしまうことが起きていました。そこで、まずはチャットボットが対応し、よくある質問であればその場でロボットが対応、緊急度や重要度が高いものは人間のオペレーターにつなぐという対応をしています。これにより、ユーザーの満足度も向上し、コスト削減もできています。

こういったチャットボットを誰でも無料で作成できる「hachidori」というサービスもあります。ハチドリでは5,000以上のチャットボットが作成されており、会話の自動化が普及していることが伺えます。

> 繰り返し行われる社内の **FAQ** や事務業務の受付なども、多くはチャットボットが代行していくようになるでしょう。

Chapter 3

RPAで成果を
出すための事前準備

RPAを導入するにあたっては、社内にどのようなニーズがあるのか、RPAを導入する余地はあるのか、といった事前の調査が必要です。この章では、筆者の経験にもとづくRPA導入の判断材料を紹介します。

[RPA導入の条件]

RPAですばやく
成果を出すには

**このレッスンの
ポイント**

RPAのような新しい技術の導入に欠かせない要素があります。それはスピードです。RPAに限らず、新しい技術に対しては誰もが期待や不安を抱くものです。その不安をぬぐうためには、<u>1日でも早く成果を出すこと</u>が重要です。

○「マニュアル」と「現場のニーズ」

RPAをスピーディに導入するには、レッスン12で挙げた業務タイプのほかにもいくつかの条件があります。

まず、「マニュアル化された仕事」であること。RPAの導入においてはロボットに人間が行ってきた作業を教えていく必要があります。マニュアルがある業務はフローが固まっているため、その流れにそってシナリオ（ロボットの動作手順）を作成できます。

そして当たり前と思うかもしれませんが、「現場のニーズがあること」が重要です。端的にいえば現場スタッフが面倒に思っている作業ということです。RPAを導入する場合、現場スタッフに今やっている仕事の手を止めて、自動化する時間を確保してもらうことになります。その現場スタッフとRPA導入後のビジョンが共有できていることが重要です。

人間から見て「新人には任せられないなぁ」と感じるような仕事を任せるのはRPAに慣れてきてからにしましょう。

👍 ワンポイント　マニュアルがない場合は？

マニュアルがない場合は、簡単なマニュアルを作れるかを指標にするとRPAを導入する判断がしやすくなります。マニュアルあるということは、業務の手順が残っているということなので、ロボット化で業務がブラックボックス化してしまうことを防ぐうえでも有効です。

確実性や安全性が求められない作業からはじめる

マニュアルと現場のニーズがあれば何でもよいわけではありません。

ロボットは人間と異なり、一度覚えた作業は間違うことなく繰り返します。しかし間違った方法を覚えると、自分では修正できません。そのため導入の初期については、機密情報や個人情報など、厳格な取り扱いが求められるデータにアクセスする作業は避けたほうが無難です。

シビアな要件であればあるほどRPAの設計に時間と手間がかかります。また、導入初期に失敗したら、そのあとRPAを推進することのハードルが上がってしまいます。図表13-1 に挙げたチェック項目がすべて当てはまる業務を探して、そこから取り組むのがよいでしょう。

▶ **RPA化する業務の条件** 図表13-1

ここからはじめる

チェック項目	業務A	業務B	業務C	業務D	業務E
マニュアルがあるか	×	○	○	○	○
現場にニーズがあるか	○	○	○	×	○
コストが明確か	○	○	×	○	○
確実・安全性が求められないか	○	×	○	○	○

ここに × がつく業務は避ける

マニュアルの有無、ニーズの有無、コスト感、安全性といった観点をクリアできる業務からRPA化を行う。この場合、すべてクリアしている業務Eからはじめるとよい

👍 **ワンポイント　企業での新しい施策にもハイプサイクルがあてはまる**

米国のコンサルティングファームであるガートナー社は「ハイプサイクル」を用いて新技術が登場してから受け入れられるまでを説明しています。ハイプサイクルとは、技術によって最初に期待や誇張（hype：ハイプ）が起こり、それが失望に至り、それから安定に向かうサイクルを表したものです。

企業における新しい施策、技術の導入もハイプサイクルで表せられます。安定期にどれだけ早くたどりつけるかが導入担当者の腕の見せどころです。特に多数の現場スタッフが関係する業務の自動化では、安定化まで時間がかかるほど調整が必要になり、導入コストがふくらむ傾向があります。初期の導入をすばやく済ませて成功させなければどんどん難しくなっていきます。

14

RPA導入を誰に依頼するか

**このレッスンの
ポイント**

> **RPAを導入するには、基本的にはRPAを提供している企業（ベンダーなど）に最初に相談することになります。この**レッスンでは、RPAの提供元にはどのような種類があり、また、それぞれどのような特徴があるのか**を紹介します。**

⬤ RPAの導入は誰に依頼するか

RPAはソフトウェアですが、オフィスソフトなどと異なり、ネットや店頭で小売りしているものではありません。通常は 図表14-1 に挙げたような専門業者に導入を依頼します。依頼先としては、RPA製品の導入を支援するベンダーや代理店、業務に最適化したRPAをゼロから開発するシステム開発会社（SIer）、RPAの導入を含めた業務の効率アップ支援を行うITコンサルタントがあります。それぞれ強み・弱みがあるので、事前準備の段階では、気になるRPA製品のリサーチを優先し、そのRPAを取り扱っている業者はどこなのか、という観点で検討するとよいでしょう。

▶ **RPAパートナーの4類型とその強み弱み** 図表14-1

タイプ	強み	弱み
RPAベンダー	自社サービスの仕様や事例に精通している	自社製品のみに選択肢が絞られる
RPA代理店	複数のパッケージを販売する場合はノウハウや選択肢を持つ	企業能力、体力にばらつきが大きい
SIer	RPAのカスタマイズや、RPA以外のシステム開発による効率化もできる	専門ノウハウがあるとは限らず、開発、人員派遣の提案に寄ってしまう傾向
コンサルタント	専門分野に応じ、BPOなどの施策も提案できる	専門ノウハウがあるとは限らず、実際のオペレーション能力がないことも

比較するうえでの参考として強みと弱みを類型化しているが、必ずしもこの通りではない場合もあるので、面談などを通してリサーチする

● 完全に独自のRPAを導入する場合

既存の製品やサービスでなく、独自のRPAを導入したい場合は、自社リソースで開発するか、システム開発会社に依頼することになります。システム開発会社は、さまざまな業務支援ソフトウェアの開発を行っており、その一環としてRPAのシステム開発を手掛けています。ゼロスクラッチで（何もない状態から）開発する場合、仕様の策定から開発、導入まで数か月かかるものもあり、当然かかった人月分だけコストもかさみます。システム開発会社に依頼するメリットは、なんといっても自社の業務に特化した独自のRPAを作れることです。しかし、どのシステム開発にもいえることですが、開発するシステムの仕様などを事前にきちんと設計し、作業工程と予算の見積もりを立てたうえで、段階ごとに仕様どおりに進んでいるかチェックしていく必要があります。

● 製品版RPAを導入する場合

RPAには、製品として売られているものもあります。たとえばNTTグループが開発した「WinActor」（ウィンアクター）、UiPath株式会社の「UiPath」（ユーアイパス）、株式会社日立ソリューションズが提供している「Automation Anywhere」（オートメーションエニウェア）といった製品があります。これらは、提供企業と年間契約を交わして導入する形式になります。導入規模や機能に応じてさまざまな製品があるので、自分たちの求める業務に合うのか比較検討したうえで導入する流れになります。比較検討のポイントとしては、金額や機能、管理のしやすさや操作性はもちろん、導入後のアフターサービスが充実しているかといった観点が重要です。

● 業務改善コンサルティング込みで導入する場合

最後に、導入コンサルタントです。BPOなどの業務改善を主業にしていることが多く、RPAだけでなくほかの手法も含めた業務効率化の推進を武器にしています。先に述べた2つのタイプを含む、さまざまなソリューションを提供できることもあり、比較的中立的な立場から協力を得られます。一方で、自らが開発したり現場で導入する立場にいるわけではないため、製品ごとの細かな知識が少ない場合や、上記の2タイプのパートナーの専売代理店と化していることもあるため、冷静に提案を見極める必要があるでしょう。

> 「どのタイプがベスト！」ということはないので、自社の環境に合わせて賢く選定していきましょう。

[RPAの導入判断]

15 RPA導入判断テスト

**このレッスンの
ポイント**

**RPAに向いている業務や仕事の特徴を把握してきたら次は
導入に向けた準備をはじめていきましょう。具体的な導入
計画を立てる前に、<u>社内の自動化ニーズを把握する</u>ための
ノウハウを紹介します。**

⭕ RPAシステム導入の準備

RPAは「システム」です。システムとは、ある目的を達成するための仕組みのことです。かなり広い概念ですが、業務効率化の仕組みも「システム」だし、コンピューターそのものや、コンピューターの中で動くソフトウェアも「システム」です。そして、システムを構築するためには、規模の大小にかかわらず綿密な設計図と導入計画書が必要になります。しかし、計画書だけではなかなか全体像や効果が

つかめないのも事実で、それだけをもって導入の判断材料とするのは難しいでしょう。そのため、これらのドキュメントを作る前に、<u>ヒアリングなどを行って導入の是非を検討する</u>ことをおすすめします。3週間程度でできるRPA導入判断をぜひ試してみてください。筆者がおすすめするRPAの導入判断は 図表15-1 の4段階で行います。

▶ 導入判断の4段階 図表15-1

① 自分テスト	② 他人テスト	③ ヒアリング	④ 導入判定
自分で使って みる	他の人に使って みてもらう	他の人に感想 や課題を聞く	課題を解決で きそうか検討

①から③は業務上の課題を認識する段階であるとともに、RPA自体の問題点も認識できる

「上司に説明するときに数字が必要」「うちは IT リ
テラシーが低いから」などさまざまな問題が頭を
よぎると思います。システムの導入を書面だけで
判断するのはとても難しいことなのです。

自分でRPAを触ってみる「自分テスト」

あなたがRPA導入の主役として、プロジェクト計画を書く際には、自社の環境とRPAの相性をリアルに感じておくことが大きな強みになります。たとえば、「操作の難易度」は、操作する人や企業の風土によってかなり感じ方が異なります。インターネット上の情報やベンダーの比較表だけを頼りに使用感を判断するのは無理です。なぜなら基準とする目線があなたの職場とは違っているからです（**図表15-2**）。

そこで、まずは無料のRPAを使って自分の仕事を自動化してみてください（レッスン20以降を参照）。「私よりITリテラシーが高いAさんなら使いこなせる」「私た

ちより残業が多い○○課なら自動化を喜んでくれる」というように、自分ごととしてツールを選定したり、自動化する業務を選定したりすると、社内でもわかりやすい説明ができるようになるはずです。まずは、日頃やっている交通費の申請業務などをRPA化してみましょう。それよりも手軽な、ニュースサイトからの情報収集などでもよいでしょう。万が一、意図しない操作結果になったとしても、社内外に影響のない業務に限定するのがテスト導入の鉄則です。第4章でテスト的に利用できるサービスを紹介するので、まずは自分が触ってみることからはじめていきましょう。

▶ 自分テストを通じて目線の違いを理解する 図表15-2

RPAベンダー企業A社
簡単ですよ！

エンジニア系企業A社
プログラミングより簡単かも

営業系会社B社
いやーこれ難しいです…

同じ「操作は簡単」でも、簡単のベースが異なっていることに注意する

自分テストを行うことで、操作の難易度など自分の中での基準が明確になり、自分の目線で判断できるようになる

○ 同じチームの同僚でテストする

自分で使ってみて「いけるな」と感じたら、同じチームの中で似たような仕事を抱えるメンバーに声を掛けてみましょう。「1日30分くらい仕事が減るやりかたがあるんだけど」というように。あなたの仕事でRPA化した作業をそのままに、よく知っているメンバーで自動化するだけなので簡単です。

2人目が見つかったら、自分のRPAをコピーする形で同僚の仕事を自動化してあげてください。自動化した仕事を体感してもらい、効果や不満点を聞いていけば、このあと計画を立てる段階における投資対効果の試算や、導入後に起こりそうな不満の予測が立てやすくなります。

○ ほかのチームでテストする

2人目の仕事の自動化が済んだら、ほかのチームで同じような仕事がないかをヒアリングしていきます。自分がRPA化した仕事を見せながら「こんな仕事ないですか？」と聞いて社内を歩きましょう。「うちも交通費精算は困ってた」「データ入力が大変」など複数の部署で同じような自動化テーマがたくさん出てくるはずです。業務の例をリストアップしてこの

あとの導入計画作成に備えます。

この段階までなら、2週間程度で進められるのではないでしょうか。わずか2週間ですが、「RPAのデモ」「自動化できた仕事の例」「効果の例」「ほかの人でやってみた例」「課題になりそうな不満」「会社の中でRPA化できそうな仕事リスト」と、あなたの手元にはRPA導入の判断材料が揃います（**図表15-3**）。

▶ **他人テストで得られる判断材料** **図表15-3**

項目	内容
RPAのデモンストレーション	そもそものRPAのデモンストレーションとして、「RPAとはどんなものか？」の疑問に答える
成功事例・失敗事例	「社内業務でRPAが適用できそうか？」の疑問に答える
効果サンプル	成功例によって得られた効果と、投資対効果のサンプルとして利用する
運用の難易度	「誰でも使えそうか？」の疑問に答える
課題の洗い出し	上記の材料にも含まれるが、「導入や運用にあたってどのような課題が想定されるか？」の疑問に答える
RPAを適用する業務の洗い出し	RPA化する業務の目星をつける。「どの程度の導入規模が必要か？」の疑問に答える

⬤ 導入できるかどうか、一度立ち止まって考える

判断材料が揃ったら、業務や課題を整理します。この段階で課題が見えることは歓迎すべきです。大きな予算をかけた本格導入の際に「そもそも職場のITリテラシーを考えてなかった」など根本にかかわる問題の発覚は避けたいものです。この判断材料は今後の導入計画を書く際の重要な資料になります（**図表15-4**）。

判断すべきは「完璧にできているか」ではなく、導入判断の過程で出てきた課題をクリアできそうかということです。たとえば「自分テスト」の際に「PCに外部ソフトウェアのインストール制限が設定されていた」というような気づきがあったとすれば、PCにインストールするタイプのRPA導入は自社の情報セキュリティポリシーの変更や調整の必要があることがわかります。

「他人テスト」の際に「自分よりも同僚のほうが手際よくできていた」ということがわかれば、これからはじめるRPA導入チームのメンバーとしてリクルーティングしてもいいでしょうし、現場単位で導入可能なデスクトップ型のRPAを検討してもよいでしょう。

各段階で出てきた課題を解決できそうであれば、導入判断「GO」として次の段階に進んでいきましょう。課題の解決が難しそうであれば、RPA化の前にその課題を取り除く時間を確保して、解決できそうな見込みが立ってからRPA化を検討したほうがよいです。

▶ **導入判断テストの結果の活かし方チャート** 図表15-4

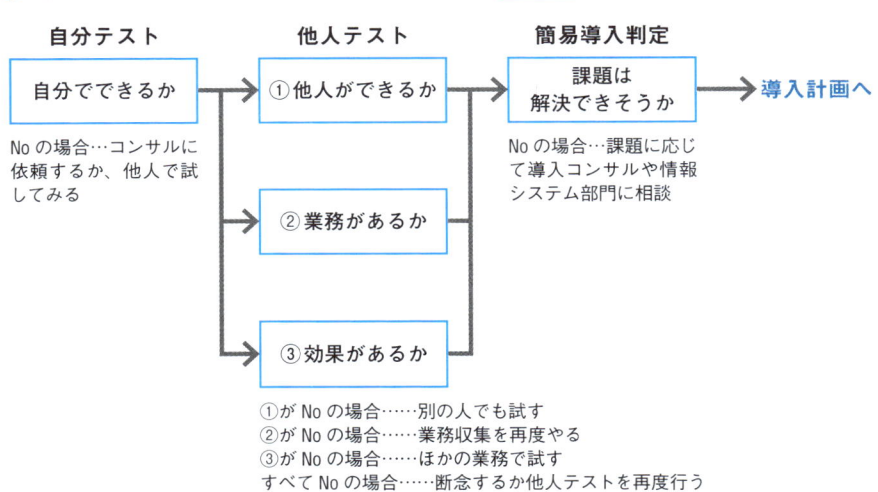

自分テスト

自分でできるか

No の場合…コンサルに依頼するか、他人で試してみる

他人テスト

① 他人ができるか

② 業務があるか

③ 効果があるか

簡易導入判定

課題は解決できそうか

No の場合…課題に応じて導入コンサルや情報システム部門に相談

導入計画へ

①が No の場合……別の人でも試す
②が No の場合……業務収集を再度やる
③が No の場合……ほかの業務で試す
すべて No の場合……断念するか他人テストを再度行う

自分テストのあと、他人テストの3つの評価をすべて行う。これらのチャートを経て、ようやく導入計画の策定に進む

Lesson [失敗事例]

16 失敗事例から 成功のポイントを学ぶ

このレッスンの ポイント

筆者は**IT・人材企業**に勤めており、働き方改革に対して関心が高まるのは必然的なことでした。業務自動化に関する長い取り組みの中では失敗も経験しています。ここでは**失敗事例から成功のポイント**をあぶりだします。

Chapter 3 RPAで成果を出すための事前準備

● RPAの導入に至ったきっかけ

筆者の勤務するディップ株式会社はバイトル、はたらこねっとなどの求人サイトを運営しています（図表16-1）。Web、モバイルアプリ媒体専業のIT企業でもあります。

私たちがRPAを導入したきっかけの1つは会社の急激な成長です。事業の拡大に柔軟に対応できる選択肢としてはRPAが最適だったのです。そして「社会を改善する存在となる」という企業理念のもと、自分たちの働き方も改善しなければという意識を社員が共有していたことも、RPAのような自動化ツールを導入する素地になっていたといえます。また、労働人口が急激に減少する中、求人サービスを提供する者の使命としてAIやRPAの研究や開発は必須です。

▶ **ディップ株式会社の概要** 図表16-1

設 立	：1997年3月
資本金	：10億8,500万円
代 表	：冨田英揮
事業概要	：求人サイト運営
従業員数	：1,735人
売 上	：380億円

（2018年8月1日現在）

ディップでは、2017年4月、AI関連のベンチャー支援プログラム「AI.Accelerator」を創設し、RPAを含んだ自動化技術を社内外で開発しています。

○ 情報収集の自動化を目指しRPA開発に挑戦

筆者が「広義のRPA」と出会ったのは、ディップが求人情報の検索プラットフォーム事業「ジョブエンジン」を行っていた2008年頃です（図表16-3）。当時はインターネット上から情報を集めてくるクローラーの精度が低く、間違った情報が多数収集されました。

結果として人間の手による修正業務が毎月数百時間規模で発生しており、その業務を自動化したいというニーズが出てきたのです（図表16-2）。そこで大規模なサイトのリニューアルプロジェクトがスタートし、「Selenium」（ブラウザの操作を自動化するツール）などを用いた業務の自動化を目指しました。まだそのころは、現在あるようなRPA製品・サービスはなく、今でいう開発型RPAの走りといえるものでしょう。

▶ ジョブエンジンで発生していた手動業務 図表16-2

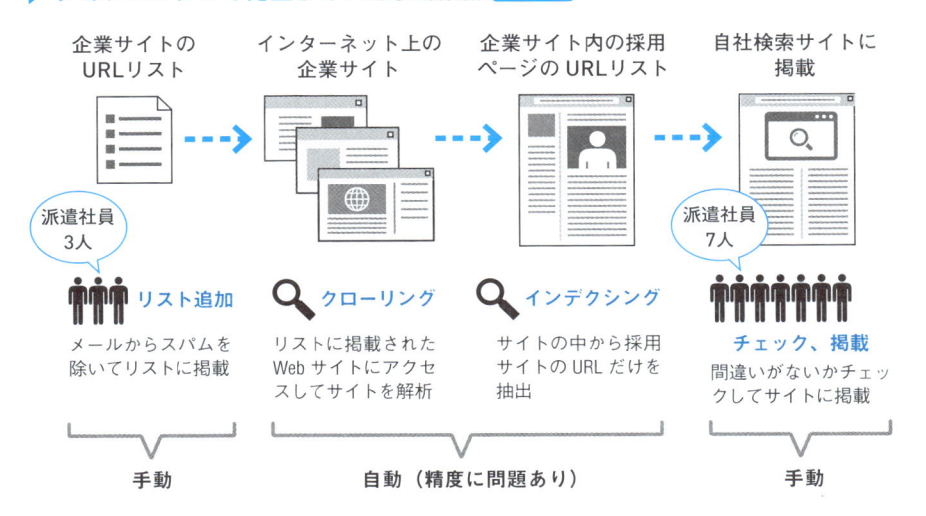

▶ 筆者のRPAへのチャレンジの年表 図表16-3

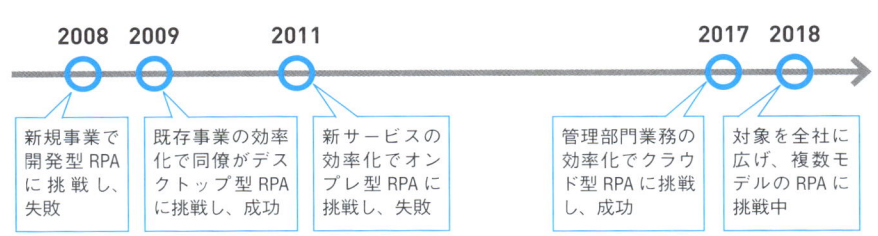

さまざまなタイプのRPAに取り組み、失敗しながら多くのノウハウを蓄積

● 失敗に終わったRPA開発

結論をいうと、このプロジェクトは失敗に終わりました。理由は **図表16-4** の3つです。まず対象にしている業務範囲が広すぎて自動化しきれなかったことが1つ。次に、大きなプロジェクトゆえに開発期間が長く、開発中に業務の流れが変わり、ロボットの設計変更が相次いだことがあります。そして、予算が膨大すぎてスタートアップ期に短期間で投資を回収しきれるかを証明しきれませんでした。

▶ **RPA開発の失敗要因** 図表16-4

自動化の対象が大きい	開発期間が長い	予算が大きすぎる
業務のほとんどを自動化しようとし、RPAが苦手とする「長く複雑な業務フロー」を構築	自動化対象が大きすぎ、準備だけで数か月を要する。開発期間が長すぎて、サービス変更が起き再修正を余儀なくされる	開発期間が長くかかり、仕様の再設計等も発生、開発予算が大きくなり、人手で行ったほうが費用が安くなってしまう

● トップダウンでの導入にありがちなワナ

これ以外にも、失敗したプロジェクトはあります。たとえば、導入を推進する側と実際に動かす現場とで、操作レベルのギャップがあった場合です（**図表16-5**）。RPAの導入を検討するのは、往々にして企業が急成長している時期でもあります。そのようなタイミングというのは予算がつきやすかったり、新しいチャレンジがしやすかったりします。導入を推進する立場とRPAを実際に使う現場の立場でコミュニケーションが足りないまま勢いに任せて導入を進めると、このケースのようなギャップが生じ、結果として意図した成果が得られないままネガティブな印象だけが残ってしまいます。これは、トップダウンで導入を推進する場合に起こりやすい失敗といえます。

▶ **トップダウンのプロジェクト失敗パターン** 図表16-5

トップ	導入担当	現場
RPAの導入を推進	イメージ先行でRPAを選定	難度が高い、業務内容と合わない、など

課題と解決策に関す議論不足
RPAが向かないタイプの課題もある

現場コミュニュケーションの不足
現場が使えるものでないと、効果がでない

● リスクを事前に評価する必要もある

RPAに限った話ではありませんが、新しいシステムを導入する場合は、必ず事前に導入によるリスクを評価する必要があります。実際にはITシステム担当者や監査役といった専門家が評価を行いますが、RPAプロジェクトの担当者としても、どのようなリスクが発生しうるかを把握しておきましょう。

一般論としては、**図表16-6** に挙げたようなものがあります。たとえばある業務が法律で決められた手順にのっとって行う必要がある場合は、自動化によってその手順を逸脱することがないようにチェックする必要があります。法律以外にも、社内で決められた業務分掌を超えてしまったり、RPAによってセキュリティホールが生じてしまったりといったことは往々にして起こりがちです。RPAを導入する業務内容によっては、一歩間違えば情報漏洩など重大な事故につながる可能性があります。導入にあたっては成果ばかりでなく、リスクについてもしっかりマネジメントできる体制を整えることが大切です。

▶ 考えられる主なリスク 図表16-6

法制度上の問題	業務セキュリティの問題	情報漏えいの問題
法律で決められている手順を順守できているか、たとえば金融系業務での対面義務など	事業上求められているシステムセキュリティを満たしているか	セキュリティホールを作るような業務フローになっていないか
IT 統制上の問題	**ISMS など業務統制の問題**	**個人情報管理の問題**
ロボットが勝手に作られて管理されない状態になっていないか	社内で決まっている業務分掌や規定にそって業務遂行されているか	個人情報の取り扱いをしていないか、している場合は利用規約に沿っているか

👍 ワンポイント　ISMSとは？

ISMS は「Information Security Management System」の略で、会社や組織での情報資産セキュリティを管理する仕組み（情報セキュリティマネジメントシステム）のことです。情報を管理するプロセスを決めて運用、改善することで、情報の機密性（秘密が守られる状態）、完全性（漏れや欠けがない状態）および可用性（必要な際に取り出して使える状態）を維持します。ISMSを取得していることは取引先からの信頼を得る手段の1つでもあるため、多くの企業がISMSを取得しています。RPAも情報資産を扱うことになる以上、ISMSのマネジメント対象になります。

17

[成功事例]
成功事例に学ぶ導入ポイント

**このレッスンの
ポイント**

> **筆者が取り組んできた業務自動化は、失敗ばかりではありません。失敗を経験したからこそどうすれば成功につながるかわかった部分がたくさんあります。**このレッスンでは、成功した事例を通じて、そのポイントを解説します。

● 動画のアップロードを自動化

ディップの主力事業である「バイトル」の特徴として、動画で求人情報を紹介するサービスがあります。現在では、44万件ある求人情報のうち9割に動画が掲載されています。2009年の立ち上げ時、このサービスを大々的にローンチするために、営業担当がお客様の職場に出向いて、3か月ほどかけて動画を撮影しました。その数は数万件におよび、その動画をサイトに掲載する作業が必要でした。

図表17-1 のように当初はアルバイトを大量に雇用し、月間数百時間かけてすべて人手でやっていましたが、単純作業だったこともあり、RPA化しました。このときに導入したのはPCにインストールするタイプのデスクトップ型RPAソフトウェアです。まさに人間の作業をソフトウェアにインプットし、動画のアップロードが自動化されました。

▶ **バイトルで発生していた手動業務** 図表17-1

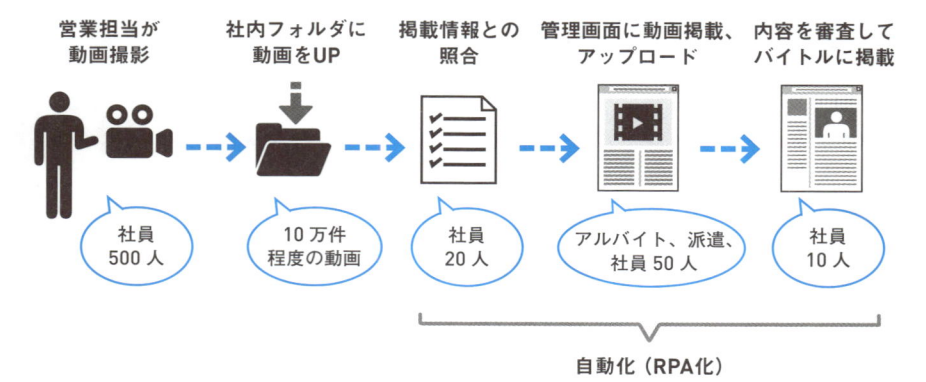

営業担当が 動画撮影	社内フォルダに 動画をUP	掲載情報との 照合	管理画面に動画掲載、 アップロード	内容を審査して バイトルに掲載
社員 500人	10万件 程度の動画	社員 20人	アルバイト、派遣、 社員50人	社員 10人

自動化（RPA化）

● 開発不要なRPAとマニュアル化された業務

このプロジェクトは結果的に成功しました。成功のポイントはいくつかありますが（図表17-2）、手元のPCにインストールするデスクトップ型RPAであったため、サーバー側の開発が不要だったことが挙げられます。導入から稼働までスピーディーに行えるため、効果がすぐに見える点が大きなメリットになります。また、マニュアル化された業務であったこと。

もともとアルバイトに任せるためのマニュアルがあり、業務のフローが定められていたため、ロボットのシナリオが簡単に策定できました。そして、多数の人間がこの作業に従事してコストがかかっていたことが後押しとなりました。ROIが明確であったため、導入の障害がなかったのです。

▶ RPAプロジェクトの成功ポイント 図表17-2

デスクトップ型で開発が不要

導入から稼働まで数日で完了

マニュアルがある業務

ロボット作成が短期間で完了

業務が高コストである

従事する人数や時間が多大で、自動化の成果が明確

現場が主導で行うRPA化の場合は、開発が不要である点は重要なポイント

> この事例では、筆者の同僚である起案者が安価なRPAツールを自分でテストして、それを周りに教えることで全社に広がりました。

👍 ワンポイント ROIとは？

ROIはReturn On Investmentの略で投資額に対してどれだけ経常利益を生んでいるかを測る投資利益率のことです。一般的にはそこから転じて投資対効果のことを表すことが多くなっており、本書でもROIを投資対効果の意味で利用しています。

[RPAのデメリット]

18

RPAの導入によって
起こりうるトラブルを知る

**このレッスンの
ポイント**

> ここまで筆者の経験にもとづく失敗事例と成功事例を紹介しましたが、ほかにもトラブルはあります。**RPA**は、メリットばかりが強調されがちですが、マイナスの側面を知っておくことで、導入計画時にあらかじめ対策できるでしょう。

◯ 思いのほか時間がかかることも

RPAのメリットとして、作業時間の短縮というものがあります。たしかに同じ作業を人間が手作業で行うよりは圧倒的に速いのですが、RPAはあくまで画面上で行う操作をロボットがなぞるものです。そのため、ソフトウェアを起動したり、画面を切り替えたり、コピー＆ペーストしたりといったコンピューターの内部的な処理にかかる時間は、人間がやるのと同じです。そのため、作業内容によっては期待していた以上に時間がかかるという場合があります。 **図表18-1** では、RPAによる処理に時間がかかる業務例と対策を挙げました。期限のある業務をRPA化する場合は、事前に時間を計測しておくか、余裕を持った工程を組むようにしましょう。

▶ **時間がかかる業務のトラブルタイプと稼動の工夫** **図表18-1**

時間がかかる業務例	起こるトラブル	対策法
日次売上集計などの業務	営業時間中に完了しない	集計を営業時間外に行うフローに変更
勤怠などのチェック業務	承認期間にチェックしきれない	週次処理か、人数ごとに複数台を運用
画像処理などの処理が重い業務	期限までに終わらない、処理が止まる	夜間処理か、複数台で処理
複数システムをまたぐ業務	営業時間中に完了しない	システムごとのロボットを作成

場合によっては、ロボットを業務に合わせるのではなく、業務をロボットに合わせる必要がある

● RPAは人間が作ったルールに従う

RPAを適材適所に導入することで、たしかに業務は効率化でき、人件費などのコスト削減につながります。しかし、RPAはいわば「新人（それもロボット）を採用していきなり仕事を任せる」ようなものなので、RPAを扱う側の人間がその業務内容をしっかりと管理する必要があります。たとえば、「意図しないデータにア

クセスし収集した」などということが起こる可能性が捨てきれません。個人のPCに手軽に導入できるデスクトップ型RPAを使っている場合などは、情報システム部門の管理が及ばなくなる可能性があるので、このレッスンやレッスン48で解説するトラブルを知り、ルール作りに役立てましょう。

● 作業がストップする

RPAはルールベースで処理を行うため、ルールにない例外的な処理が発生すると止まってしまいます（**図表18-2**）。作業内容が複雑になればなるほど例外が発生

する可能性が高まりますが、1つ1つ例外処理としてルールに加えていくしかありません。

▶ **ルールベースと例外処理** 図表18-2

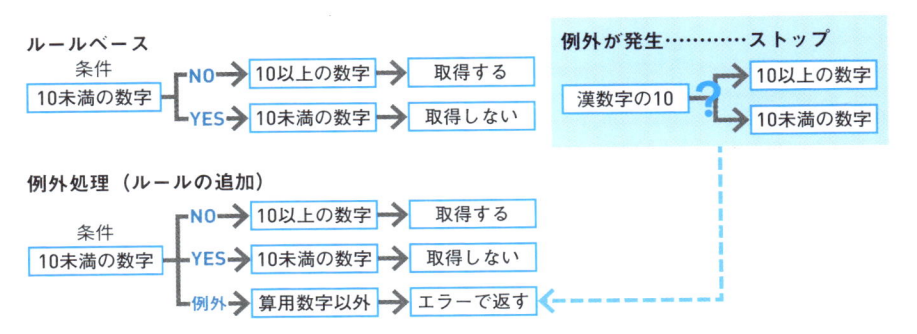

入力された数値が「10未満かどうか」を判断して動作する場合に、漢数字が入力されたらYesかNoか判断できずにストップしてしまう。このような場合は、「算用数字以外が入力されたらエラーを返す」というルールを追加する必要がある

> RPAは汎用的なソフトなので、特定の処理に特化した専用ソフトには処理速度や機能の面では敵わない部分があります。費用対効果に応じて使い分けが必要です。

⭕ 管理できなくなる恐れ

RPAは、デスクトップ型など提供のタイプによっては部門単位あるいはもっと小さい個人単位でも導入可能です。導入の初期であれば、個々人や部門できちんと管理できていても、時間が経つにつれ新たなRPAロボットが増えたり、また古いRPAロボットが放置されたりするでしょう。このようにきちんと管理されないままの状態が続くと、昔誰かが作ったRPAロボットが知らないところで勝手にメールを送信し続けたり、サーバーにアクセスし続けたり、ファイル操作を繰り返したりといった「野良RPA」が発生します。結果、スパムメールの送信元になる、サーバーに負荷がかかった状態が延々と続く、ファイル容量が増え続けるなどの問題が生じます。場合によっては事業上のリスク化し経営状況にも悪い影響を及ぼしかねません。RPAの本格導入にあたっては、**図表18-3** のように情報システム部門だけに作成権限・管理権限を付与するなど、社内体制作りが重要になります。

▶ ロボットの管理体制を構築する **図表18-3**

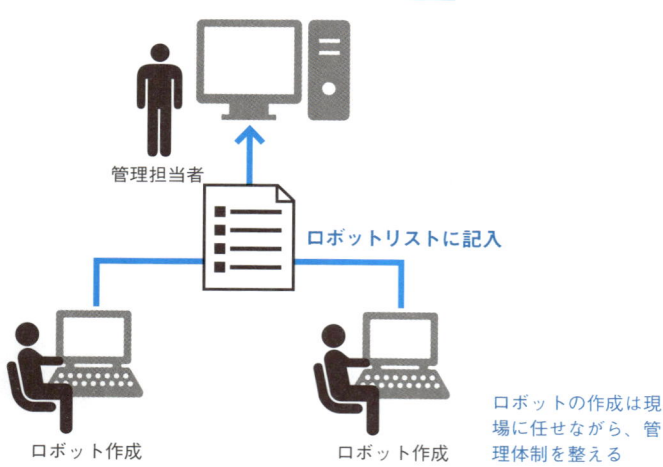

管理担当者

ロボットリストに記入

ロボット作成　　ロボット作成

ロボットの作成は現場に任せながら、管理体制を整える

👍 ワンポイント　**野良RPAを防ぐには？**

デスクトップ型では、WinActorが提供するWinDirectorというツールが、ロボットを中央管理する機能を備えています。オンプレミス型ではBlue Prismがロボット管理機能を製品自体の強みとしています。

また、クラウド型ではRoboticCrowdが

クラウド上のロボット上に情報が残らないよう、業務を完了すると情報を削除する機能を備えています。管理体制を構築するうえでは、こういった管理機能を備えたRPA製品・サービスの導入を検討するのもよいでしょう。

○ 特定部門ばかりに負担がかかる可能性

導入・運用にあたって気をつけるべきポイントがもう1つあります。通常、企業としてRPAを導入する場合は情報システム部門が中心となって設計や管理を行うでしょう。そしてRPA化の恩恵を受けるのは、多くの場合は総務や人事、経理といった業務部門です。

これはRPAだけに限りませんが、新しいシステムを導入することになると、情報システム部門には大きな負荷がかかります。特にRPAは、前述のように「新人のロボットに仕事を任せる」ようなものであり、本来的には導入した部門が自ら管理し育てていく必要がありますが、実情は情報システム部門のサポートを受けることになるでしょう。サーバーで一括管理しているRPAであればともかく、個々人のPCで動いている場合などは、PCの数だけサポートが必要になることが想定され、情報システム部門の負荷は相当なものになります。

業務効率を上げる目的で導入したはずが、結果として特定部門の負担になってしまっては本末転倒です。RPAの導入にあたっては、勉強会やセミナーなどを通じて社内教育を行うなど、RPAを使う人間1人1人のITリテラシーを高めていく必要があります。最近ではRPAに関するさまざまな情報を取り扱うWebサイトもあります（**図表18-4**）。こういったWebサイトなどを活用して知識やノウハウを蓄積していきましょう。

▶ RPAの情報収集や学びに役立つWebサイト **図表18-4**

導入事例やRPAのトレーニング講座、RPA製品の一覧などRPAに関するさまざまなコンテンツが揃う「RPA BANK」。
https://rpa-bank.com/

[アーリースモールサクセス]

19 成功するRPAプロジェクト「アーリースモールサクセス」

このレッスンの
ポイント

> RPAを導入するためにやっておくべき事前準備は理解できたと思います。最後に、大規模になりがちなRPA導入プロジェクトを小さくはじめて大きく育てていく「アーリースモールサクセス」という考え方について解説します。

Chapter 3 RPAで成果を出すための事前準備

⭕ RPAは「アーリースモールサクセス」で

「大きな成功を目指すには、小さく早い成功を目指す」という考え方は、起業の聖地シリコンバレーのスタートアップでも主流です。日本には『リーンスタートアップ』という書籍で輸入され、多くの起業家に読まれています。

この本で紹介されているメインとなる考え方が「アーリースモールサクセス」です。日本語に訳せば「小さく早い成功」ということ。RPAに限らず、たいていの新プロジェクトは懐疑的な目で見られます。小さな成功を見せられれば、周囲も「う

まくいっているんだな」という気分になってきます。

これは、私たちビジネスパーソンにも好都合な考え方です。日本型経営では失敗を「マイナス」とする減点主義が主流で、失敗を避けなければならない文化が根づいています。さらに最近では、これに短期的な成果主義がセットになりつつあります。「アーリースモールサクセス」ならば、早く小さな成果を目指すことができ、たとえ失敗したとしても小さな減点で済みます。

> RPAプロジェクトでもどうやったら早く、小さく、成功しやすいかと考えながら進めていきましょう。

大きな成功を目指すには、小さく早い成功を目指す

本書では「一気にAIを目指さない」(レッスン11)、「RPA化しやすい業務から」(レッスン12)、「成功しやすい業務から」(レッスン13)、「まず自分で試す」(レッスン15)、というように小さく進めることをおすすめしています。

それには理由があります。筆者はRPAのほかにも、システム開発や新規事業など「プロジェクト」と名のつくものに40件以上たずさわってきました。その経験則として、失敗するプロジェクトの特徴をつかみました。

それは「最初から大成功を狙いすぎている」ことです。狙いが大きいほど周囲からはまぶしく見えるものですが、失敗のリスクは高まります。「大規模すぎて進まない」「時間がかかりすぎて飽きられる」

「環境が変わってしまう」といったリスクです。逆に成功するプロジェクトに共通しているのは「小さい成功をすばやく重ねて改善し、気づけば大きな成功になっている」ということです。

たとえば、壮大さの極致といえる宇宙ロケット開発でも、最初から原寸大のロケットを作る人はいません。小さなエンジンを作って、小さなサイズのロケットを作り……というように進めていくものです(**図表19-1**)。

その経験から「大きな成功を目指すには、小さく早い成功を目指す」ことをおすすめしています。特にRPAは業務改善の側面から長く大きなプロジェクトになるケースが多いので、失敗リスクを避ける心がけが大切になります。

▶ **成功を目指すロケット** 図表19-1

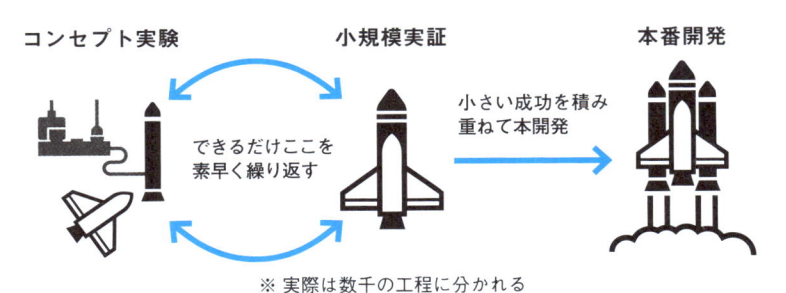

コンセプト実験　　　　小規模実証　　　　　本番開発

できるだけここを素早く繰り返す

小さい成功を積み重ねて本開発

※ 実際は数千の工程に分かれる

机上の実験で成功を積み重ねて、徐々に規模を大きくしていくのが大きな成功につながる

RPAと好相性、10分でわかったつもりになるリーンスタートアップ

アーリースモールサクセスの考え方の大もとになっているリーンスタートアップについてちょっと話をしてみましょう。リーンスタートアップはざっくりいうと「高速版PDCAの発想」です。インターネットやテクノロジーの発展を背景に、サービス開発は「アイデアの検証と判断のスピードが肝である」という考え方がベースになっています。リーンスタートアップに必要なのはたったの3つです。1つはスモールバッチ。小さく作るということです。2つ目はMVP（Minimum Viable Product）、最も価値があるものから試すこと。そして3つ目は革新会計と方向転換。すなわち、ボリュームではなく成功率で測って、うまくいかなければすばやく変え、改善を繰り返して成果を大きくするということです。

リーンスタートアップの例として有名なサービスである「Twitter」は紙上でプロトタイプを作りました。「Groupon」はブログからはじまりました。「Dropbox」は利用イメージの動画しかありませんでした。しかしそれだけでもユーザーを獲得するアーリースモールサクセスを達成し、大きく成長しました。

スモールバッチをRPAの文脈でたとえると、RPAが「自社で動くかどうか」を検証するのに仕様書を作るのではなく、「使えるかどうか」を自分や同僚で試してみればいいのです。これだけで「5,000万円かけて3か月後にリリースをしてみたら全然使えなかった」という失敗が避けられます。

もう1つの「MVP」も同じようにRPAで考えてみましょう。RPAの対象業務を収集する際には、スタートアップと同じように「最初の顧客を探す」必要があります。RPAはロボットをすぐ作れるのでアーリーアダプター、つまり最もそれを欲する人のために作ってみて、機能がうまく使えるか、効果があるかを試せます。

そして「革新会計」。大規模に導入して成果が出るのを待つのではなく、小規模で導入してそのつどインタビューをします。満足のいくユーザーがいない場合は、その場で方向転換や改善し拡大をすればよいのです。

> RPAは開発なしで誰でも利用できることが大きな特徴です。複雑に大きなことをやるよりも小さく試し、すばやく成功させるリーンスタートアップの考え方がぴったりなのです。

Chapter 4

実際にRPAを
使ってみよう

RPAプロジェクトを推進するにあたって、最も強力な事例は他社ではなくあなた自身です。「わたしでもできました」といえることは、導入工程で大きな味方になってくれることでしょう。

［自分テスト］

20 本格導入前に自分でRPAをテストする

このレッスンの
ポイント

RPAの全社的な導入を推進するにあたって大切なのは、**実体験としてRPAがどのようなものかを知っておくこと**です。プロジェクトリーダーの立場として、導入計画を立てる前に実際にRPAを体験しておきましょう。

○ 自分が事例になる

社内でプロジェクトを推進するためには、課題を的確に把握し、それをどのように解決するかを具体的に示さなければなりません。そのために、自分でRPAを使って実体験として課題や解決プロセスを語

れるようにしておきましょう。幸いなことにRPAには無料で利用できるものがあるので、自分で使ってみて効果を試算してみることをおすすめします。

Webサイト上は有料版となっていても試用できる場合があるので、気になるRPAがある場合は、提供元に問い合わせてみましょう。

👍 ワンポイント　無料で使えるRPA

RPAには無料で利用できるものがいくつかあります。たとえば「UWSC」は20年の歴史があるフリーウェアで、Excelのマクロを組むような感覚でWebブラウザ上の操作を自動化します。有償版ではより多くの機能が使えるよう

になります。比較的新しい製品では「BizteX cobit」や「RoboticCrowd」などのクラウド型RPAは1週間の試用ができます。また海外製ですが、「WorkFusion」は完全無料です。お金を払えばコンサルティングを受けられます。

○ 自分テストの目的

テストの目的は2つです。1つは「自分の中の感覚を作る」ということ。2つ目は「どこまで自分たちでできるのか把握する」ことです。そのため、テストで思うような結果が得られなくてもプロジェクトの成否には影響しません。

「自分テスト」では、 図表20-1 のようにRPAロボットを使える状態にする「サービス導入」、実際に業務をロボット化する「自動化」、うまくいったことと、うまくいかなかったことをまとめる「振り返り」の3ステップを1セットとして進めます。今回の例では、2時間以内にロボットを作り終えることを目指しましょう。このレッスンで作成したロボットはそのままプレゼンテーション時のデモとしても使えます（試用期限内であれば）。本格導入する際も、「自分テスト」と同じステップでロボット作成や振り返りを行います。

▶ 自分テストの3ステップ 図表20-1

① **サービス導入**（レッスン 21）	② **自動化**（レッスン 22〜24）	③ **振り返り**（レッスン 25）
RPA 製品・サービスを利用可能な状態にする	自分の業務をロボット化する	うまくいったこと、うまくいかなかったことをまとめる

自分テストの3つの段階を自分以外にも広げることで、導入計画の提案時にも適用できる

○ 「体感値」を得る

RPAとはどういうものかを体感し、自分の言葉で語れるようになるのがテストの目的です。そのため、最初はWebブラウザを使った情報収集の自動化など、シンプルな作業でテストするのがよいでしょう。無料版では限界があるかもしれませんが、うまくできたら社内システム上で行う経費精算などの作業を試してみます。

RPAのタイプによっては対応していない可能性がありますが、「対応していない」ことがこの段階で把握できるだけでも大きな収穫です。これによってRPA製品・サービスの選択肢の幅を広げなければならない、といった気づきにつながるからです。

[RPAのトライアル]

21
自分の仕事を
自動化してみよう

**このレッスンの
ポイント**

ここからは、実際に<u>RPAを使った自動化</u>とはどんなものか
紙上で体験してみましょう。**RPAで行う作業は現場それぞ
れ異なりますが、大きな流れはそれほど変わらないので参
考になるはずです。**

● RPAの利用登録を行う

ここでは例として「BizteX cobit」を用い
た場合の、トライアル利用登録の流れを
紹介します。BizteX cobitはWebブラウザ

から利用できるクラウド型RPAサービス
で、<u>プログラミングの知識不要</u>ではじめ
られます。

▶ RPAの利用登録 図表21-1

1 BizteX cobitのWeb ページにアクセスする

1 BizteX cobit のWebページ
（https://service.biztex.co.jp/）に
アクセスします。

2 [無料トライアルのお申し込み
はこちら] をクリックします。

2 トライアルを 申し込む

1 メールアドレスを入力します。

2 [無料トライアルのお申し込
み] をクリックします。

あらかじめ利用規約を確認してお
きましょう。

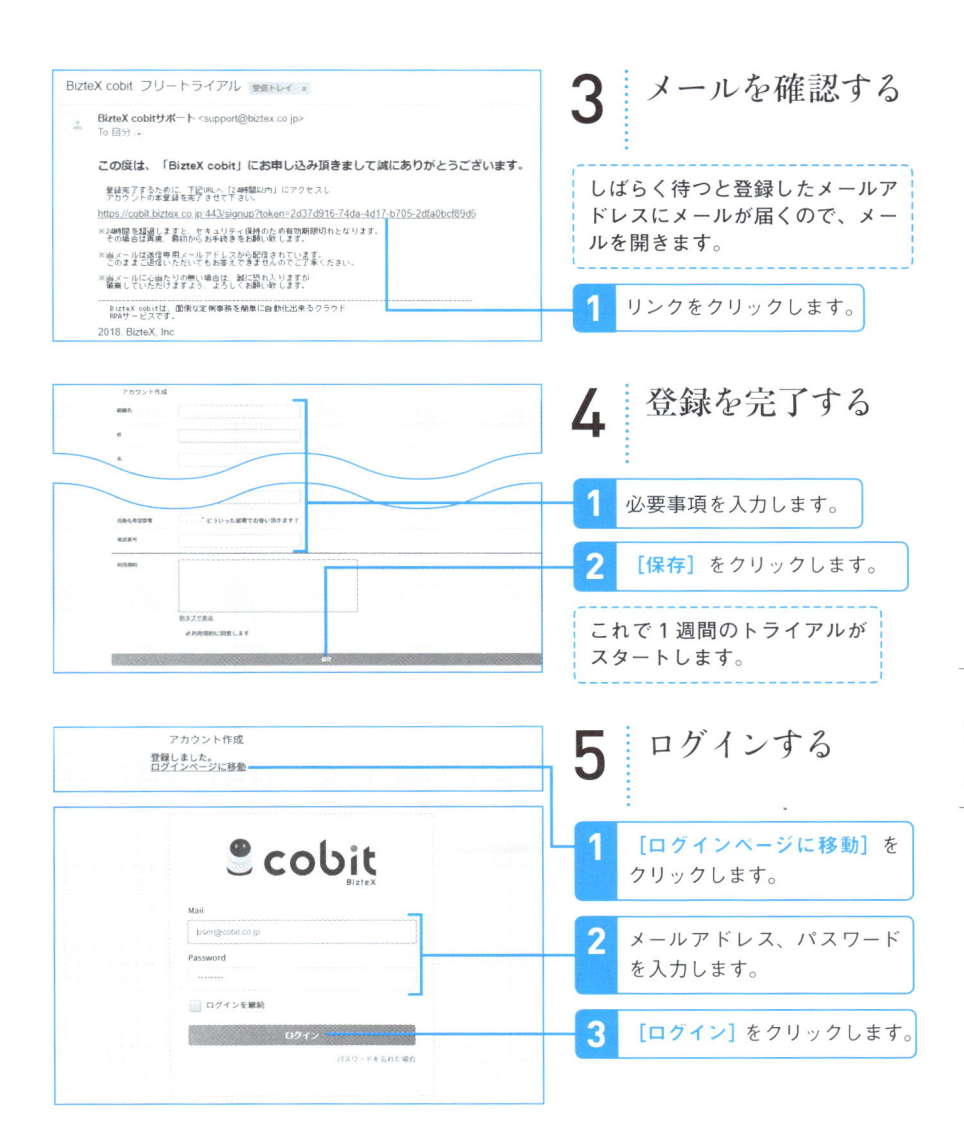

3　メールを確認する

しばらく待つと登録したメールアドレスにメールが届くので、メールを開きます。

1 リンクをクリックします。

4　登録を完了する

1 必要事項を入力します。

2 ［保存］をクリックします。

これで1週間のトライアルがスタートします。

5　ログインする

1 ［ログインページに移動］をクリックします。

2 メールアドレス、パスワードを入力します。

3 ［ログイン］をクリックします。

👍 ワンポイント　「つながらないな」と思ったら

会社のパソコンからクラウド型RPAにアクセスすると、画面に何も表示されないことがあります。それは、上場企業などでよく使われる、外部サイトへの接続を制限するフィルター機能が導入されているからです。クラウド型RPAのサイトへの接続が制限される場合は、情報システム部門にフィルターによる制限を外してもらう手続きを行いましょう。

22 ロボットの新規作成と基本設定

**このレッスンの
ポイント**

ここではテストとして、**Web**ページから自動的に情報を取得するロボットを作ります。**RPA**を体験することで、提案に重みが加わります。即戦力となるロボットを完成させることよりも、実体験を得ることを目的に眺めてみてください。

🔵 データを自動的に取得する（作成時間約20分）

レッスン22からレッスン24まで、外国為替データを自動的に取得するロボットを作成していきます。外国為替はリアルタイムで値動きしますが、逐一Webサイトを訪れて確認するのも面倒です。

今回は、米ドル／円、ユーロ／円、豪ドル／円の為替を、30分ごとに取得してExcelに出力、それをメールで送信する作業を自動化します。ロボットの動作イメージは 図表22-1 の通りです。

▶ ここで作成するロボットの概要 図表22-1

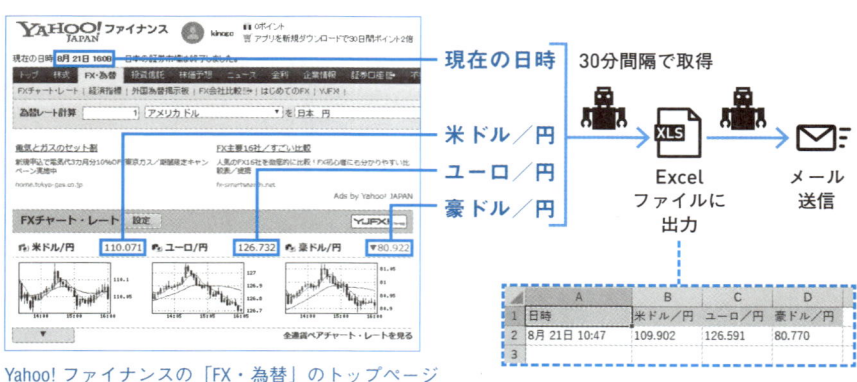

Yahoo! ファイナンスの「FX・為替」のトップページ
https://info.finance.yahoo.co.jp/fx/

本書では「ロボット」と呼んでいますが、製品によって機能名はさまざまです。

Chapter 4　実際にRPAを使ってみよう

出力先ファイルの作成

今回は、取得したテキストデータをExcelファイルに出力します。まずはそのためのExcelファイルを作成しておく必要があります。ここではExcelの操作方法は解説しませんが、**図表22-2** のようなファイルを作成します。

▶ 出力先のファイルを作成する **図表22-2**

	A	B	C	D	E	F
1	日時	米ドル／円	ユーロ／円	豪ドル／円		
2						
3						
4						
5						

「日時」「米ドル／円」「ユーロ／円」「豪ドル／円」の欄を作成して「fx」という名前で保存しておく

ロボットの新規作成と基本設定

ロボットで自動化する操作を決めたらロボットを作成していきます。書類作成ソフトなどでファイルを新規作成するのと同じように、ロボットの作成も「新規作成」からスタートします。

▶ ロボットを新規作成する **図表22-3**

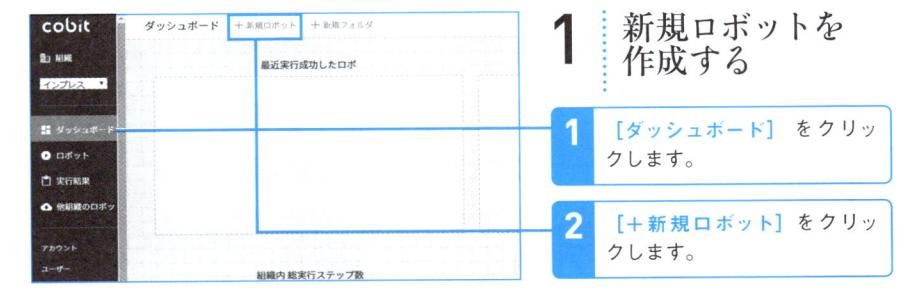

1 新規ロボットを作成する

1 ［ダッシュボード］をクリックします。

2 ［＋新規ロボット］をクリックします。

👍 ワンポイント　ダッシュボードとは？

ダッシュボードとは、たくさんある情報を見やすくまとめて表示する画面のことをいいます。上の例では、実行履歴や失敗履歴、ロボット実行にかかった総時間などが一目で理解できるようになっています。Webサービスの画面の説明でよく出てくる言葉ですが、もともとは自動車のスピードやガソリン残量などをまとめて表示する画面に由来しています。

▶ ロボットの基本設定を作成する 図表22-4

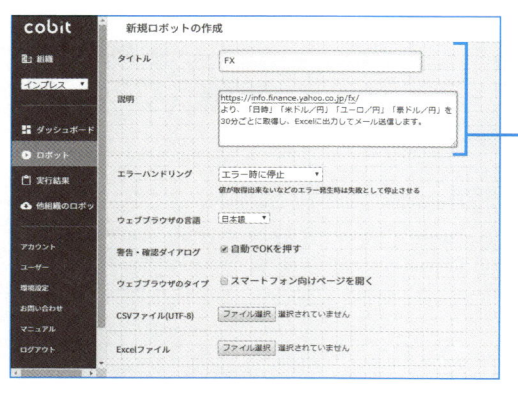

1 名前と説明を入力する

1 ［タイトル］と［説明］を入力します。

説明を細かく記載しておけば誰かにロボットを引き継ぐときなどに便利です。

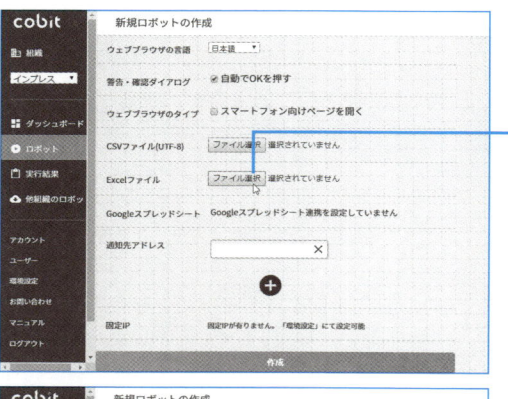

2 出力ファイルを設定する

1 ［Excelファイル］の［ファイル選択］をクリックします。

ファイル選択画面が表示されるので、あらかじめ作成しておいたfx.xlsxを選択します。

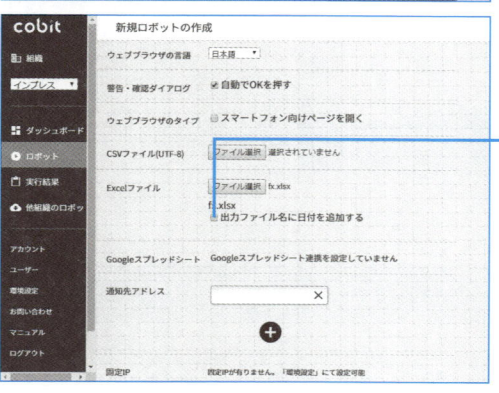

ファイル名に日付をつける設定をします。

2 ［出力ファイル名に日付を追加する］にチェックを入れます。

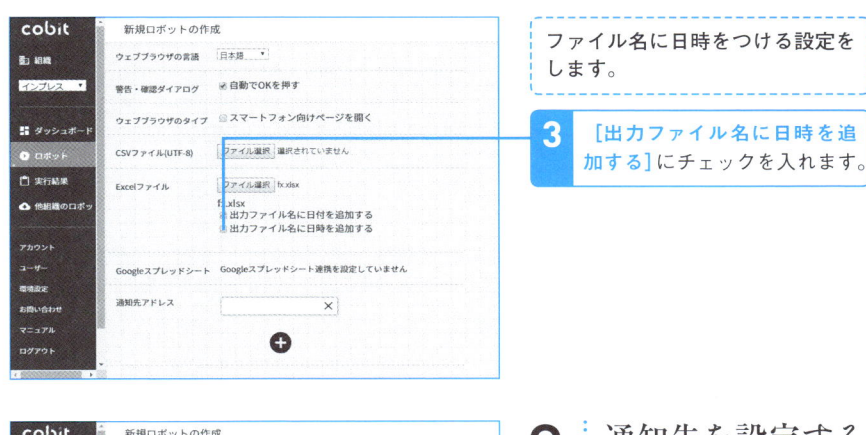

ファイル名に日時をつける設定を
します。

3 ［出力ファイル名に日時を追
加する］にチェックを入れます。

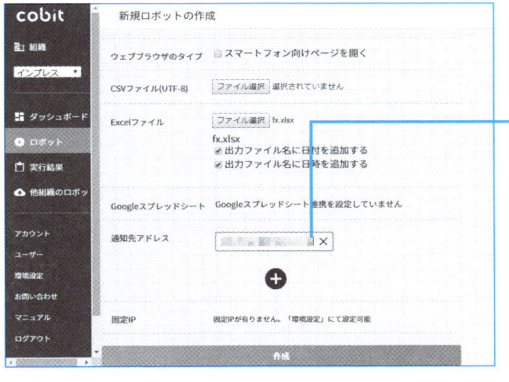

3 通知先を設定する

1 ［通知先アドレス］にメール
アドレスを入力します。

ロボットがエラーで止まった場合
などにメールで通知が届きます。

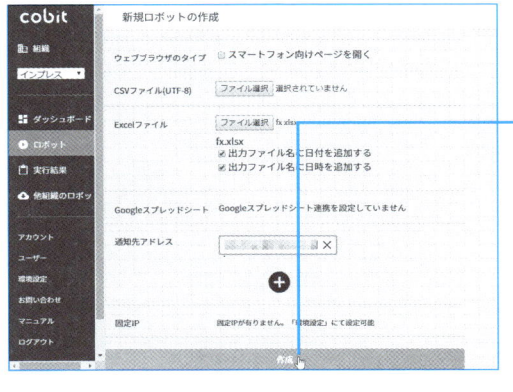

4 ロボットの基本設定を完了する

1 ［作成］をクリックします。

[データの取得と出力]

23 ロボットが取得するデータを設定する

**このレッスンの
ポイント**

このレッスンでは、ロボットが**Webページにアクセスして、そこからテキストデータを取得する**設定を行います。対象を選択すると、設定可能な操作が自動的に表示されるので、そこから選んでいくだけで簡単に設定できます。

● 取得するデータを設定する

ロボットがアクセスするWebページと、そのWebページのどのデータを取得するかを設定します。Webページ内の特定の要素に「名前」をつけることで、その要素（テキストデータなど）を取得する仕組みです。ここでは、ページに表示されている「現在の日時」をはじめ、いくつかの外国為替データを取得します。

▶ ロボット編集画面の基本機能 図表23-1

登録された操作（ステップ）
ロボットに登録された操作

アドレスバー
仮想ブラウザで表示するURLの入力欄

仮想ブラウザ
RPA内で操作を記録するためのWebページ表示領域

登録可能なステップ
仮想ブラウザ内でクリックした対象に行えるステップ

ステップ追加ボタン
次に行う操作の候補が表示される

▶ データを取得する 図表23-2

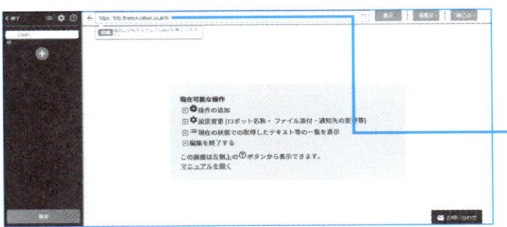

1 Webページを表示する

1 URL（https://info.finance.yahoo.co.jp/fx/）を入力し[Enter]キーを押します。

しばらくするとWebページが表示されます。

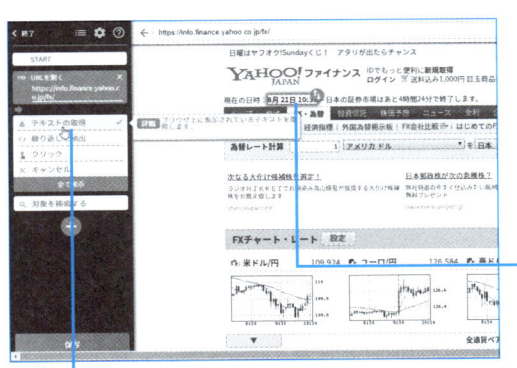

2 日時データを取得する

クリックできる部分にマウスポインタを合わせると、緑色の枠が表示されます。

1 現在の日時をクリックします。

画面左に行える操作が表示されます。

2 [テキストの取得] をクリックします。

3 [名前を入力] をクリックします。

取得したテキストの内容がわかるように名前をつけます。

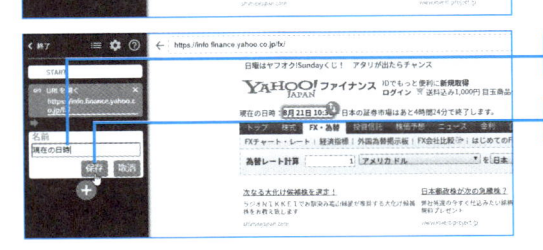

4 「現在の日時」と入力します。

5 [保存] をクリックします。

3 為替データを取得する

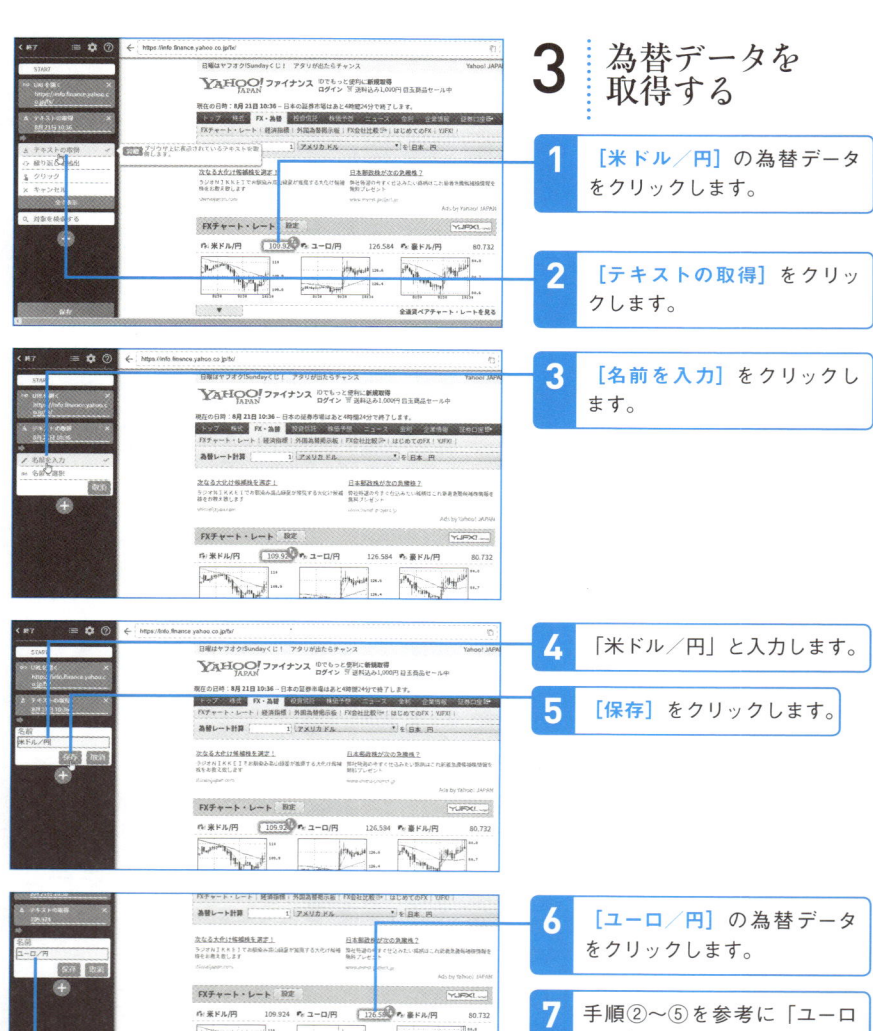

1 ［米ドル／円］の為替データをクリックします。

2 ［テキストの取得］をクリックします。

3 ［名前を入力］をクリックします。

4 「米ドル／円」と入力します。

5 ［保存］をクリックします。

6 ［ユーロ／円］の為替データをクリックします。

7 手順②〜⑤を参考に「ユーロ／円」と名前をつけて保存します。

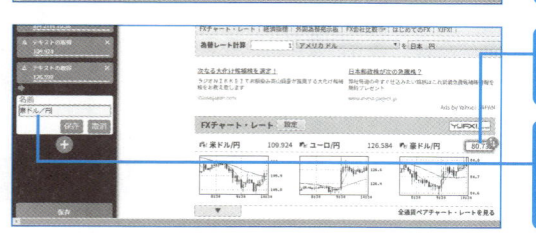

8 ［豪ドル／円］の為替データをクリックします。

9 手順②〜⑤を参考に「豪ドル／円」と名前をつけて保存します。

○ ファイルに出力する

レッスン22で作成したExcelファイルにテキストデータを出力します。出力するデータは、レッスン23でテキスト取得時に設定した「名前」で指定します。

▶ Excelファイル「fx.xlsx」の内容 図表23-3

	A	B	C	D
1	日時	米ドル／円	ユーロ／円	豪ドル／円
2				
3				

RPA上でExcelファイルを開き、取得テキストを入力したいセルに、本レッスンで設定した取得テキストの「名前」を追加する

セルA2：　　　セルB2：　　　セルC2：　　　セルD2：
「現在の日時」　「米ドル／円」「ユーロ／円」「豪ドル／円」

▶ ファイル出力の設定を行う 図表23-4

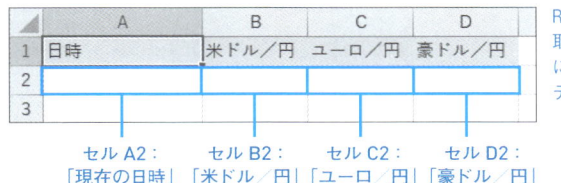

1 ステップを追加する

1 ［＋］をクリックします。

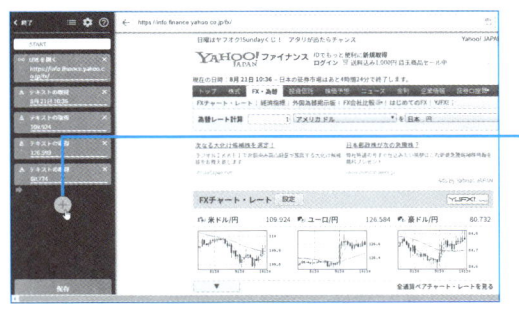

2 ［ファイルに出力］をクリックします。

> ［ファイルに出力］画面が表示されます。

2 出力先ファイルとデータを設定する

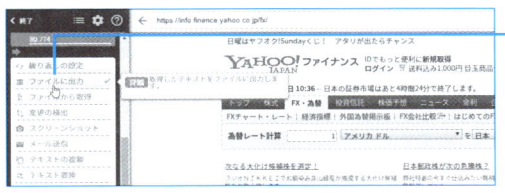

取得したテキストにつけた名前を選択します。

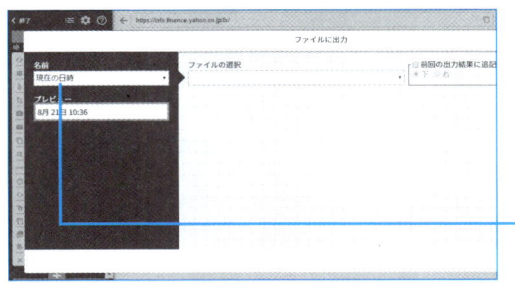

1 ［名前］の▼をクリックして「現在の日時」を選択します。

NEXT PAGE →

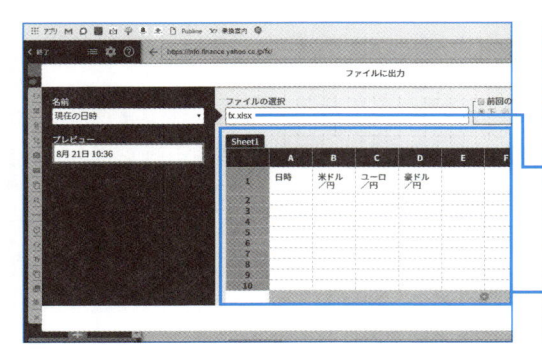

出力先のファイルを選択します。ここではあらかじめ作成済みのExcelファイルを選択します。

2 ［ファイルの選択］の▼をクリックして「fx.xlsx」を選択します。

Excelファイルのプレビューが表示されます。

3 「現在の日時」を入力するセルA2をクリックします。

4 ［追加］をクリックします。

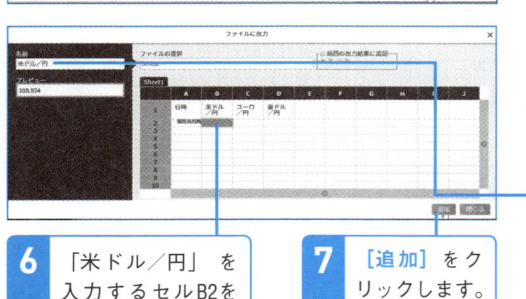

セルA2に［現在の日付］と表示されました。名前「現在の日付」とひもづいたテキストがここに入力されます。

5 ［名前］から［米ドル／円］を選択します。

6 「米ドル／円」を入力するセルB2を選択します。

7 ［追加］をクリックします。

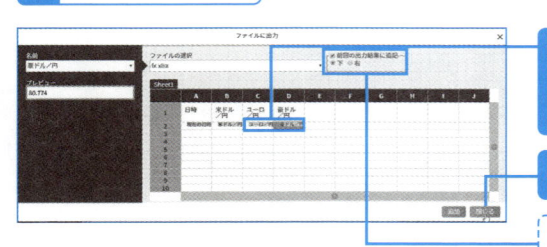

8 手順⑤〜⑦を参考に「ユーロ／円」をセルC2、「豪ドル／円」をセルD2に追加します。

9 ［閉じる］をクリックします。

［前回の出力結果に追記］にチェックを入れると実行のたびにデータが追加されていきます。

メール配信の設定を行う

ファイルへ出力する設定ができたら、忘れずにメール配信のステップを追加しましょう。メール配信は、送信先を入力してメールタイトルや本文を入力するだけです。今回作成するロボットの動作はここまでで完了となります。

▶ メール配信の設定を行う 図表23-5

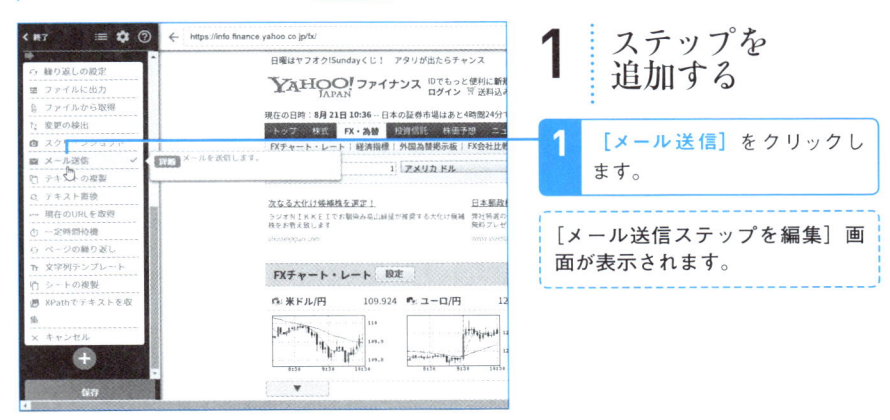

1 ステップを追加する

1 ［メール送信］をクリックします。

［メール送信ステップを編集］画面が表示されます。

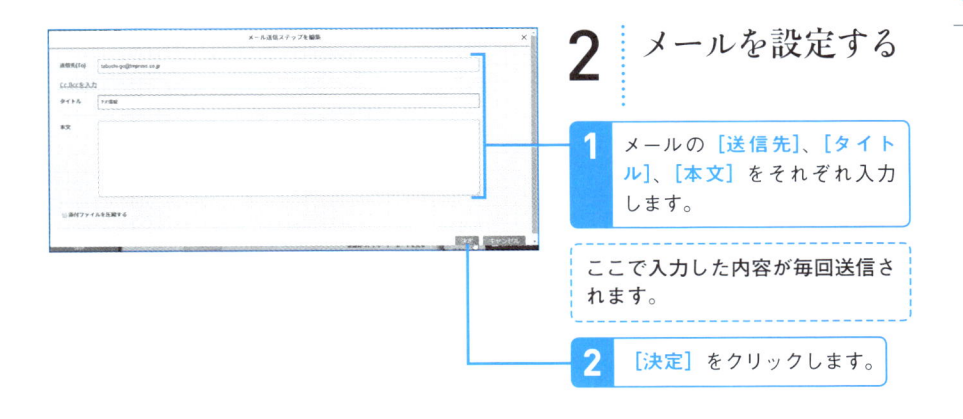

2 メールを設定する

1 メールの［送信先］、［タイトル］、［本文］をそれぞれ入力します。

ここで入力した内容が毎回送信されます。

2 ［決定］をクリックします。

[実行]

24 完成したロボットを動かす

このレッスンの
ポイント

ここまでのレッスンでロボットが完成しました。作成した
ロボットは忘れずに保存しておきましょう。このレッスン
では、ロボットが動作する時間を設定して、決まった時間
にメールでファイルを送信するようにします。

○ ロボットの保存と実行

できあがったロボットがきちんと動作す
るか確認してみましょう。保存から動作

日時の設定、そして実行までの一連の流
れを解説します。

▶ ロボット作成を完了する 図表24-1

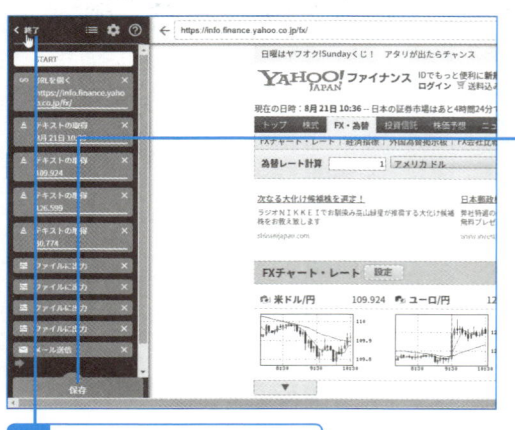

1 保存して終了する

1 [保存] をクリックします。

2 [終了] をクリックします。

ロボットの一覧画面が表示されます。

▶ ロボットを予約して実行する 図表24-2

1 ロボットの実行を予約する

ロボット一覧に作成したロボットが表示されています。

1 ［…］をクリックします。

2 ［予約］をクリックします。

3 ［毎時］を選択します。

実行される間隔を分で設定します。ここでは 30 分ごとに設定します。

4 「30」と入力します。　**5** ［保存］をクリックします。

2 ロボットを実行する

1 実行ボタンをクリックします。

2 ［はい］をクリックします。

実行すると出力ファイルが添付されたメールが送信されます。

Lesson 25 ［振り返り］

業務の自動化を振り返る

**このレッスンの
ポイント**

RPAのテストはいかがでしたか？ RPAの中でもかなり画面操作が簡単な部類に入るサービスを使って、シンプルな動作をするロボットを作成してみましたが、<u>自分テストの結果を活かすために振り返り</u>を行っていきましょう。

◯ 導入ハードルの高低を測る

自分でテストをしてみてわかるのは自社の「RPAリテラシー」とでもいうものです。RPAベンダーの比較表にはたいてい「UIがわかりやすい」などと書いてありますが、その感じ方は個人、会社、組織によってかなり異なるのが実情です。そのためベンダーの比較表を見る前に、自分の中で 図表25-1 のような「軸」を持っておくことが大切です。ここでいう軸とは、登録の手順や操作手順の難易度、期待通りの

動作が行えたか、実行速度は問題なかったか、といった自分の中の基準値とも言い換えられます。このRPAは簡単にできたけど、こっちのRPAは難しそうだ、といった感覚がつかめると、自分テストの目的は果たせたといえます。その軸をベースに質問をしていけば、自社主導で導入できるのか、RPAベンダー主導でやるべきなのかの判断もつきやすいでしょう。

▶ **自分の中の「軸」** 図表25-1

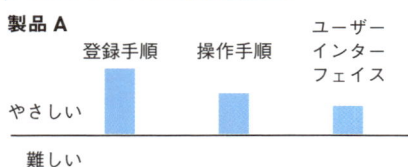

筆者の会社は、事務系よりも営業系部門のほうが「できそう」という反応が多かったのが特徴です。営業現場は PC によく親しんでおり、IT リテラシーが比較的高かったといえるかもしれません。

● 自分でテストすることでわかるRPAの効果

レッスン22〜24でテストしたのは簡単な自動化でしたが、それでも1日10分くらいの削減になっているのではないでしょうか？　この投資対効果を考えてみましょう。

1日10分の業務が削減できるとして、20日仕事をしているとしたら月間で200分、年間で2,400分、40時間です。次にあなたの年収を1,920時間（8時間労働×20日×12か月）で割り戻してみてください。

年収300万円であれば時給1,562円、年収400万であれば時給2,083円、年収500万であれば時給2,604円となります。

この例で投資対効果を試算していくときは「40時間×時給」が基本の公式になり

ます。

この公式にあてはめると年収400万円でも83,320円が年間の効果試算になります。1人では小さく感じますが、仮に100人同じことをやっている社員がいるとしたらどうでしょうか。年間では833.2万円の効果になります（図表25-2）。

RPAではロボット1台×1人の効果は小さく見えがちです。成果を大きく出すポイントは、小さくとも掛け算の効く業務（たくさんある業務）でロボットを量産することです。そのため、ロボットを1台作るのに必要な時間についても体感値を得ておくことが大切です。

▶ 自分への投資対効果が見える 図表25-2

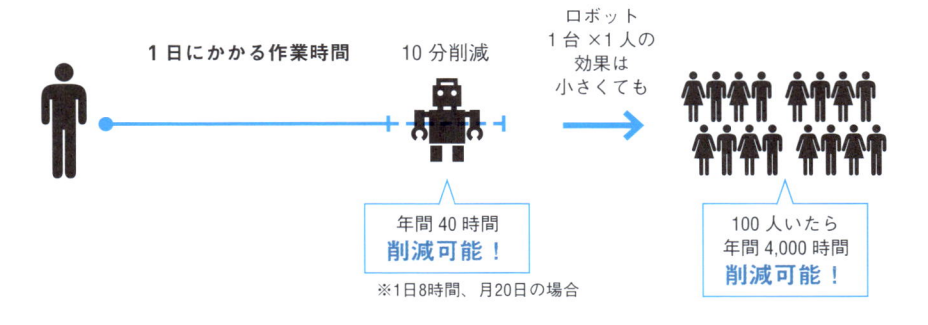

1 日にかかる作業時間　10 分削減

ロボット
1 台 ×1 人の
効果は
小さくても

年間 40 時間
削減可能！

※1日8時間、月20日の場合

100 人いたら
年間 4,000 時間
削減可能！

👍 ワンポイント　RPAベンダーの協力も必要になる

自社独自の管理画面やERPパッケージなどを導入している場合、RPAを動かすために管理者権限が必要だったり、RPAのカスタマイズが必要だったりします。そのような場合はRPAベンダーに相談すれば解決策を提示してくれます。第5章で解説する導入計画策定時や、レッスン43で解説するオリエンテーション時など、RPAベンダーにヒアリングする機会を活用しましょう。

Lesson 26 ［他人テスト］
同僚の仕事を自動化してみよう

**このレッスンの
ポイント**

自分の業務の自動化ができたら、次は**チームメンバーの仕事を自動化**してみましょう。自分ができることも同僚はできなかったり、同僚が自分のできないことをできたり、学びがあるテストになります。

● 同僚で自社のRPAリテラシーを測る

自分テストを終え振り返りができたら、同僚の仕事も自動化してみましょう。同僚と一緒にRPA化を進めてみれば、「自分テスト」以上に社内のRPAリテラシーも確認でき、業務の洗い出しのきっかけを見つけやすいのです。うまくいけばRPA導入に向けた先行事例となり、つまずくポイントがあれば、同じことがRPAの本導入でも起こるはずです。いずれにしても、他人テストを行うことで導入計画立案時の材料となるでしょう。

▶ **自分テストから同僚テストに広げる** 図表26-1

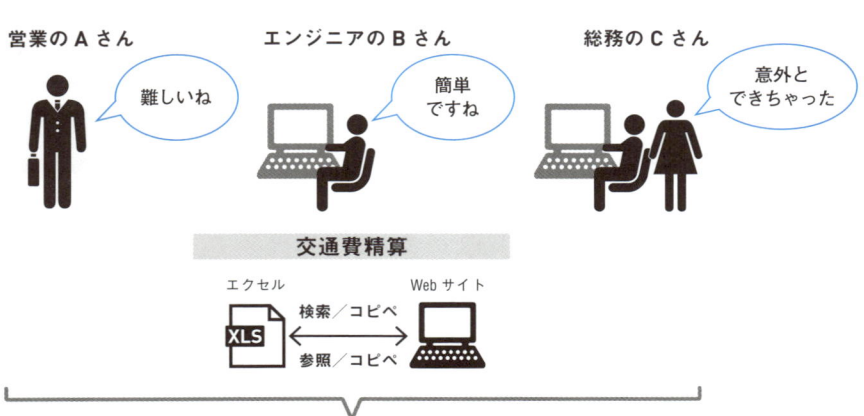

自分テストした同じ業務を環境や人を変えてテストしてみる

人によって導入ハードルが異なるし、部門によっても異なる。うまくできた場合は、
プロジェクトメンバーに誘うなど、どんどん巻き込んでいこう

Chapter 4 実際にRPAを使ってみよう

● 他人テストのあとは、声を聞く

自動化できたら、以下の3つの観点で意見を集約しましょう。1つ目は「やってみて難しそうだと感じたか？」です。自動化の工程を現場に任せられるかの判断材料となります。2つ目は「どこがメリットだと思ったか？」です。実際ロボットが作業しているのを見せて、省力化された結果を一緒に確認したときにどんな反応だったかを聞きます。ポジティブな場合でもネガティブな場合も、それが社内に広げていくときのコンセプトのヒントになります。3つ目は「ほかにロボット化できそうな仕事があるか？」です。同じチームであったとしても他人の目線から見ていくことで、自動化ができる業務のヒントがもらえることでしょう。

●「自分を事例化」して会社全体に広げよう

Webの記事やRPAベンダーからは数多くの事例が紹介されており、他社の事情はよくわかります。しかしRPAプロジェクトを進める立場で知りたいのは「うちではどうなんだろう」です。最も参考になるのはRPAプロジェクトの提案者が自社内で実験した事例なのです。提案を受ける決裁者や同僚も、自社の職場、業務でRPA化をした流れが確認でき、同僚の様子を聞けば納得感を得やすいでしょう。この自分テストと他人テストを通じて得た知見は、**図表26-2** のような社内事例報告書としてまとめて、導入提案書に入れ込んで利用します。

▶ デモと社内事例報告 **図表26-2**

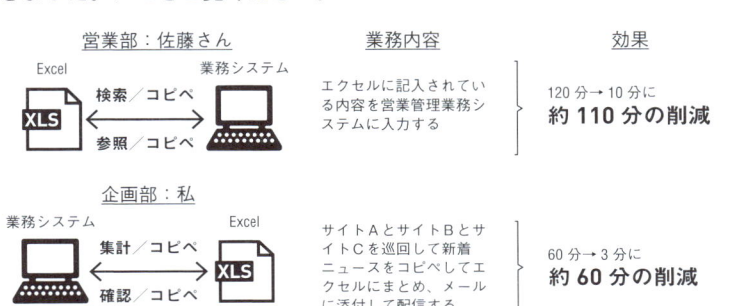

社内事例報告 / デモ

サービスの無料試用期間を利用、私と周辺組織で実験を行い〇〇業務を自動化しました。課題は見つかりましたが、約××時間／月の削減ができました。デモをご覧ください。

営業部：佐藤さん　／　業務内容　／　効果

Excel ⟷ 業務システム
検索／コピペ
参照／コピペ

エクセルに記入されている内容を営業管理業務システムに入力する

120分→10分に
約110分の削減

企画部：私

業務システム ⟷ Excel
集計／コピペ
確認／コピペ

サイトAとサイトBとサイトCを巡回して新着ニュースをコピペしてエクセルにまとめ、メールに添付して配信する

60分→3分に
約60分の削減

SaaSとRPAの関係

クラウド型RPAのように、インターネットを通じてソフトウェアやサービスを提供する仕組みを「SaaS」（サース：Software as a Service）といいます。言い換えれば、「誰でも、どこでも一定レベルで仕事ができる仕組み」を提供するのがSaaSです。

SaaSの役割の1つが、属人化していた業務の「仕組み化」です。たとえば営業部門でよく利用される「Salesforce」（セールスフォース）というSaaSがあります。営業スタッフそれぞれが自分のパソコン内に保存された顧客リストなどを使って営業活動をしていたものを、Webサービス上で一元的に管理して、営業効率を上げるツールです。多くの企業が行っている業務が機能化されており、提供されている機能をそのまま利用しても一定水準の営業活動を行えます。

これまでは研修などを通じて1人ひとりの業務レベルを一定の水準へ持ち上げていました。それが「誰でも、どこでも一定レベルで仕事ができる仕組み」であるSaaSによって実現できてしまうのです。しかも、かつては同等の

ITシステムを導入するのに必要だった、長い期間も専門知識も不要で、即日利用できるものもあります。

そのような利便性ため、世界のSaaS市場は2018年までで約6兆円規模、年率119%の成長が見込まれています（ガートナーの調査による）。しかしそうなると問題になるのがサービス同士の連携です。SaaSを導入すればするほど「AシステムからBシステムにデータを渡したい……」というニーズが発生します。

通常はAPI（Application Programming Interface：アプリケーションプログラミングインターフェイス）を開発して連携しますが、これだけSaaSが増えるとAPIの開発が追いつきません。

そこで期待されるのがRPAです。上述の「AシステムからBシステムにデータを渡したい」という場合、システム間をまたいで動くRPAが活用できます。第2章のレッスン11で、AI化の前段階としてのRPAの必要性を説明しましたが、それだけではなくSaaS同士をつなぐAPIに替わる役割としてもRPAは利用できるのです。

RPA が働き方改革の旗手と期待されていますが、同様に働き方改革の施策として期待されているリモートワークに必要なインフラが SaaS サービスだといえます

Chapter 5

RPAの導入計画を立てよう

この章では、導入提案書を作るにあたって必要な情報を収集していきます。導入の判断につながる大切な部分なので、1つひとつしっかりとこなしていきましょう。

27

[RPAの導入計画]

RPA導入計画の全体像を知ろう

**このレッスンの
ポイント**

RPAを本格的に導入するには、コンピューターにインストールする以前に社内の稟議を通す必要があるでしょう。ここでは、稟議を通すためのステップを具体的な手順を通じて確認していきます。

○ RPAを導入するまでの全体の流れを確認する

RPAを導入するといっても、具体的に何をすればよいかわからないと思います。個人のパソコンにフリーのRPAをインストールするのであれば簡単ですが、レッスン15でも述べたようにRPAはシステムなので、通常は部門や会社全体の単位で導入を進めます。当然、予算が必要になるので、予算を通して実行するために必要なステップを確認していきましょう。本書では 図表27-1 の流れで進めていきます。

▶ **RPA導入の全体像** 図表27-1

① 情報収集 ＞ ② 企画 ＞ ③ 提案 ＞ ④ 導入・運用

① 情報収集	② 企画	③ 提案	④ 導入・運用
RPAのリサーチやテスト導入を行う	RPAの導入計画を立案する	RPA導入の決裁を得るためにプレゼンテーションを行う	RPAをインストールし、運用する

導入計画

①と②については行き来しながら進める場合もある。③の提案時に必要な情報を漏れなく集めることを意識しよう

第5章では、このうちの①「情報収集」からスタートし、③「提案」までの勘所を解説していきます。

● 全体の流れ① 「情報収集」

導入にあたってまず行うのは情報収集です。一言でRPAといってもさまざまなベンダーが多種多様なRPA製品を展開しているので、その中から適切なものを選ぶためにリサーチを行います。前章で述べた「自分テスト」で社内業務のヒアリングをするのと並行して、どんなRPAがあるのか調査を進めましょう。自分だけでリサーチするのは限界があるので、ベンダーやコンサルタントから直接情報を得るのもよいでしょう。これらの情報をもとに導入の設計図を作成していきます。

● 全体の流れ② 「企画」

続いて行うのは企画です。情報収集フェーズで集めたインプットをもとに設計図を描いていきます。導入の提案書と言い換えてもよいでしょう。具体的な導入の手順や代替する業務、スケジュール、運用体制、ROI試算といったことを文書に落とし込みます。文書の内容は 図表27-2 の①〜⑨のようになります。この設計図で大切なのは、RPAを導入することでどんな未来が実現するのかというビジョンを共有することです（レッスン37で解説）。実質的にこの時点でプロジェクトチーム作りをはじめる形となります。最低限、自分に加えて情報システム部門のスタッフ、あるいはRPAベンダーなど外部パートナーの担当者（RPAの専門家）、そして業務部門（現場）の担当者がいればよいでしょう。

▶「情報収集」「企画」段階での成果物 図表27-2

「情報収集」段階		
	RPAにはどんなものがあるか？	① RPA サービスマップ（レッスン 28）
	どのサービスが自社にマッチするか？	② 自社能力フィット表（レッスン 31）
	どんな事例があるのか？	③ RPA 事例活用表（レッスン 32）
	自社のどの業務に適用可能か？	④ 社内業務ヒアリングシート（レッスン 33）
	実際に使えるのか？	⑤ 社内事例報告（レッスン 26）

「企画」段階		
	投資対効果は合うのか？	⑥ ROI 試算表（レッスン 34）
	どのように導入を進めるのか？	⑦ 導入コンセプト立案（レッスン 35）
	誰が導入するのか？	⑧ 体制図（レッスン 36）
	将来的にどうなるのか？	⑨ フューチャープラン（レッスン 37）

● 全体の流れ③「提案」

導入に至るまでの最後のフェーズが提案です。①「情報収集」と②「企画」の成果物をまとめたものを経営会議などに提案し、会社の事業として承認を得ます。事前に関連部門に提案書を回覧して、ここまでに漏れていた確認事項などがあれば回収しておくとよいでしょう。確認事項としては、図表27-3 の③〜⑤のような

ものがあります。

②の設計フェーズまでに、導入するRPAサービス、RPA化する業務など、かなり具体的に絞り込まれています。実際に導入してみるまで効果が測定できないという問題はありますが、自分テストや他社の事例なども交えて提案に説得力を持たせましょう。

▶ 提案フェーズでの成果物 図表27-3

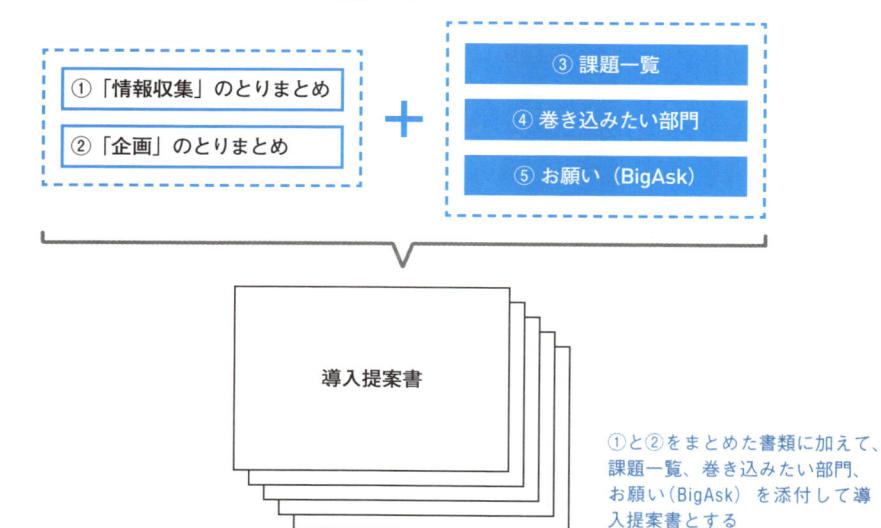

① と②をまとめた書類に加えて、課題一覧、巻き込みたい部門、お願い（BigAsk）を添付して導入提案書とする

Chapter 5

RPAの導入計画を立てよう

👍 ワンポイント 「押し切る提案」より「理解を得る提案」をする

RPAは普及しはじめたばかりなので、理解を得ることが難しいこともあります。その場合は1回の提案で押し切ろうとせず、「理解してもらう」ための提案、「賛同してもらう」ための提案、というように機会を分ける工夫や、周り

を巻き込み外堀から埋める工夫も有効です。理解を得ることが難しい場合は、経営層や管理職向けの勉強会を行ってくれるRPAベンダーもあるので相談してみるとよいでしょう。

● 全体の流れ④「導入から運用まで」

導入計画が承認されたら、導入と運用が待っています（**図表27-4**）。通常のシステム開発では、開発計画が承認されると、プロジェクトチームにシステムベンダーが合流し、粛々と開発が進んでいくイメージですがRPAの導入は通常のシステムと違い、開発ベンダーに任せきりというのが難しいのが実情です。RPAは「業務フローと人間を動かすシステム」ですから、システム開発のように設計図を作ったら現場はノータッチというわけにはいかず、現場とシステムをつなぐ人間も必要になります。

導入計画まではいわば絵に描いた餅にすぎません。導入計画の提案作業から実際の導入にあたって変更が生じることもあるでしょう。また、業務フローと人間に密接にかかわるシステムなので、人間の気持ちに配慮しながら導入を図っていくことも大事になります。

▶ 導入と運用の流れ 図表27-4

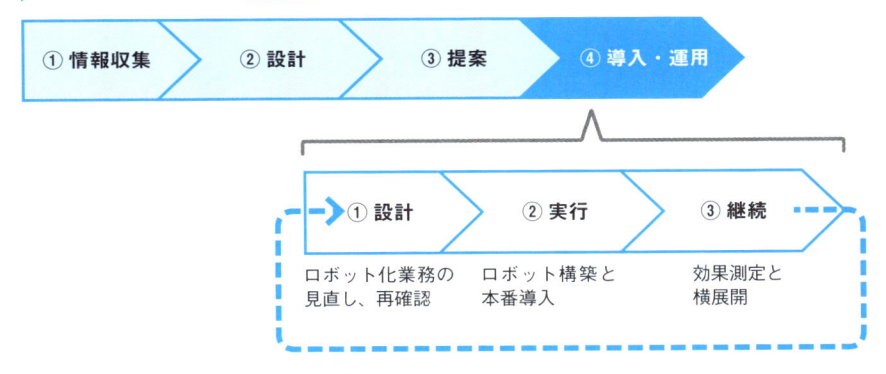

提案が承認された後がRPA化の本番と考えよう

導入と運用では、「設計」「実行」「継続」の段階を意識することが大切です。そのためには現場の協力が欠かせません。現場を巻き込んでいく仕掛けについては、第6章と第7章で解説します。

28

RPAサービスの全体像をマッピングする

**このレッスンの
ポイント**

導入にあたって最初に手をつけるのが情報収集です。**RPA
サービスは成長期だけに雨後の筍のように新しいものが生
まれ、各サービスを把握するのが難しい状態です。** このレッ
スンでは**RPA製品・サービスの全体像**を見てみましょう。

⭕ 急成長するRPAサービスをまとめたマップ

RPAの市場規模は2017年度で183億4,500
万円、18年度には約2.4倍の444億円に達
する見通しであり、さらに19年度には
772億円と、今後数年間は高成長が続く
とみられています（『国内RPA市場、18年
度は2.4倍の444億円　ミック経済研まと
め』日本経済新聞 2018.6.11）。筆者が運
営するAINOWの調査によると、RPAのサー
ビス数は50を超えます（2018年7月時
点）。選定において検討すべき事項とし
ては、レッスン10で紹介した提供の形式
のほか、「海外製か国内製」かも重要なポ
イントです。海外製であっても日本国内
で利用可能なものはたいてい日本語化さ
れていますが、国内のサポート体制が整

っていない場合や、扱えるエンジニアが
少ないといった場合があります。

図表28-2 のRPAサービスマップは、
AINOWが独自に調査したRPA製品・サー
ビスのリストです。同じ製品・サービス
でも取り扱っている企業が複数あるもの
や、製品名を謳わずに、導入支援コンサ
ルティングをサービス展開している企業
もあります。今まさに新しい製品・サー
ビスが生まれ続けているので、ここに掲
載されていないものもあるかもしれませ
んが、導入提案を行うときに活用してく
ださい。なお、実際の提案時には、機能
の概要も記入するとよいでしょう。

情報収集をしきれず全体像を把握できないままサービス選
定に移ってしまい、なんとなくそのまま進めると「そもそ
も活用できない」「導入検討時にほかの候補が出てきて後
戻りをする」というようなことが起きがちです。ここで冷
静にサービスを俯瞰する時間をとってみましょう。

○ RPAオペレーターの派遣事業などサブサービスも成長

RPAが増えるにつれて、周辺のサービスも増えてきています。タイプは3つあり、RPAを操作するオペレーターの人材派遣、研修サービス、RPAの運用を請負うサービス、経理や日程調整などに特化したサービス群があります（**図表28-1**）。自社の状況を調べたうえで、特定の業務に特化したサービスを利用したり、人材がいなければ派遣してもらったり、運用までアウトソースするのも1つの手段といえます。

▶ **RPAの主な周辺サービス** 図表28-1

	RPAオペレーター派遣	RPA導入支援	特化RPAサービス
タイプ			
サービス内容	RPAツールのロボット実装を学んだスタッフを人材派遣する	RPAツールの開発受託と、RPA導入支援、運用サービスを提供	経理、日程調整など業務に特化したRPAサービスを提供
提供企業	パソナ、パーソルテクノロジースタッフなど、派遣会社が主	TIS、NECなど、開発受託企業が主	オートメーションラボ、waaqなどスタートアップが主
費用	時給3,500円程度から ※月40〜100万円台まで	500万円程度から ※複数の提供パターン、価格あり	月額5万円程度から

○ RPAの情報収集方法

RPA製品を検討する際には、そもそもの製品やサービス数が多いことや、それぞれが持つ機能や特徴も豊富であるため、イチから調べ上げるには相当な手間がかかります。次のレッスン29で、筆者がおすすめするRPA製品を紹介しますが、基本的にはレッスン18で紹介したRPA BANKやIT系ニュースサイトなどで情報収集して、気になった製品を選んでいけばよいでしょう。Webの情報の場合、特定の製品のPR記事であることがあるため、客観的な視点で複数の製品・サービスを網羅的に紹介している情報から取捨選択する必要があります。RPA提供企業が自ら出している情報や、提供企業が導入企業に取材した記事はどうしても自社製品を押し出した内容になりますし、一方の第三者が出した比較記事は内容が表面的過ぎるということもあります。さまざまな粒度の情報があることを知ったうえで、できるだけ多くの情報に触れるようにしましょう。

▶ RPAサービスマップ（AINOW調べ）図表28-2　　　　　　　　　　　　　　　　　（アルファベット・五十音順）

製品・サービス名	製品種類	導入タイプ	料金（初期費用、月額）	取扱企業
AIスキャンロボ	OCRツール	—	ライセンス数に応じて個別に見積もり	ネットスマイル株式会社
AIタスクロボ	RPAツール	—	ライセンス数に応じて個別に見積もり	ネットスマイル株式会社
Automation Anywhere Enterpriseエンタープライズ パック	RPAツール	オンプレミス	約1,260万円/年（オープン）	株式会社日立ソリューションズ
Automation Anywhere Enterprise スターターパック	RPAツール	オンプレミス	約1,260万円/年（オープン）	株式会社日立ソリューションズ
Autoブラウザ名人	RPAツール	デスクトップ	約35万円/年	ユーザックシステム株式会社
BizRobo! Basic	RPAツール	—	ライセンス数に応じて個別に見積もり	日商エレクトロニクス株式会社（販売代理）
BizRobo! BizRobo/BasicRobo	RPAツール	複数形態あり	720万円/年	RPAテクノロジーズ株式会社
BizteX cobit トライアルプラン	RPAツール	クラウド	無料	BizteX株式会社
BizteX cobit プロプラン	RPAツール	クラウド	初期費用：30万円 月額：30万円	BizteX株式会社
BizteX cobit ミドルプラン	RPAツール	クラウド	初期費用：30万円 月額：20万円	BizteX株式会社
BizteX cobit ライトプラン	RPAツール	クラウド	初期費用：30万円 月額：10万円	BizteX株式会社
Blue Prism V6	RPAツール	オンプレミス	600万円/年（3年契約）	Blue Prism株式会社
Blue Prism	RPAツール	—	Runtime Resource数に応じたライセンス料（3年契約）	日商エレクトロニクス株式会社（販売代理）
HRRobo For SAP HCM (ILias)	RPAツール	—	ライセンス数に応じて個別に見積もり	株式会社オデッセイ
ipaS	RPAツール	デスクトップ	ライセンス数に応じて個別に見積もり	株式会社デリバリーコンサルティング
Job-Robo!	RPAツール	オンプレミス	ライセンス数に応じて個別に見積もり	SBIトレードウィンテック株式会社
Job-Robo! Startup Suite	RPAツール	オンプレミス	ライセンス数に応じて個別に見積もり	SBIトレードウィンテック株式会社
NEC Software Robot Solution	RPAツール	デスクトップ	288万円/年	日本電気株式会社
NEC Software Robot Solution 12ヶ月パック（保守つき）	RPAツール	デスクトップ	144万円/年	日本電気株式会社
NEC Software Robot Solution 3ヶ月パック（保守つき）	RPAツール	デスクトップ	36万円/3ヶ月	日本電気株式会社
NEC Software Robot Solution 6ヶ月パック（保守つき）	RPAツール	デスクトップ	72万円/6ヶ月	日本電気株式会社
NEC Software Robot Solution PPSupportPack	RPAツール	デスクトップ	57.6万円	日本電気株式会社
NICE APAシリーズ	RPAツール	—	350万円〜	株式会社アイティフォー

製品・サービス名	製品種類	導入タイプ	料金 (初期費用、月額)	取扱企業
OCEVISTAS	RPAツール	クラウド	ライセンス数に応じて個別に見積もり	株式会社大崎コンピュータエンヂニアリング
Pega RPA	RPAツール	オンプレミス	1,000万前後	ペガジャパン株式会社
Pega RPA 無料トライアル	RPAツール	クラウド	無料	ペガジャパン株式会社
RoboRoid-HIT.s	管理ツール	―	15,000円/1台(年間)＋オプションサービス料	キューアンドエーワークス株式会社
RoboStaff	RPAツール	クラウド	ライセンス数に応じて個別に見積もり (半年契約)	株式会社Sprout up
Robotic Crowd	RPAツール	クラウド	最初は無料 その後月々10万円	株式会社チュートリアル
RPAインテグレーション	導入支援	―	ライセンス数に応じて個別に見積もり	株式会社ビッグツリーテクノロジー＆コンサルティング
RPA業務改革サービス	導入支援	―	ライセンス数に応じて個別に見積もり	アビームコンサルティング株式会社
SynchRoid ライトパック	導入支援	―	90万円/年	ソフトバンク株式会社
SynchRoid ベーシックパック	RPAツール	複数形態あり	60万円/月	ソフトバンク株式会社
UiPath Orchestrator	RPAツール	オンプレミス	62.5万円/年～	UiPath株式会社
UiPath Robot	RPAツール	デスクトップ	ライセンス数に応じて個別に見積もり	UiPath株式会社
UiPath Studio	ロボット作成ツール	―	ライセンス数に応じて個別に見積もり	UiPath株式会社
Verint RPA	RPAツール	―	ライセンス数に応じて個別に見積もり	ベリントシステムズジャパン株式会社
WinActor	RPAツール	デスクトップ	ライセンス数に応じて個別に見積もり	日本システム開発株式会社 (販売代理店) ほか
WinActor	RPAツール	デスクトップ	90.8万円/年～	株式会社NTTデータ ほか
WorkFusion RPA Express	RPAツール	デスクトップ	無料	WorkFusion, Inc.
WorkFusion Smart Process Automation	RPAツール	デスクトップ	ライセンス数に応じて個別に見積もり	WorkFusion, Inc.
コンサルティング	導入支援	―	ライセンス数に応じて個別に見積もり	KPMGコンサルティング株式会社
コンサルティング	導入支援	―	ライセンス数に応じて個別に見積もり	株式会社ジェネラルサービシーズ
コンサルティング	導入支援	―	ライセンス数に応じて個別に見積もり	株式会社システムソフト
リコーRPA活用支援サービス Fastトライアルサービス	導入支援	―	ライセンス数に応じて個別に見積もり	リコージャパン株式会社
リコーRPA活用支援サービス スタートアップ支援サービス	導入支援	―	初年度1,370万円、2年目720万円	リコージャパン株式会社
リコーRPA活用支援サービス パワーアップ支援サービス	導入支援	―	長期利用モデル年間2,650万円～	リコージャパン株式会社

[RPA製品・サービス]

29 導入実績の多いRPAの製品・サービスを知る

**このレッスンの
ポイント**

レッスン10で紹介したデスクトップ型、オンプレミス型、クラウド型といった導入タイプごとに比較の軸になりそうな代表的サービスがあります。公開されている国内導入実績をもとに主要サービスを解説していきましょう。

○ デスクトップ型の国産RPA

デスクトップ型として筆者がおすすめするのは「WinActor」です（図表29-1）。NTTグループにより開発されたRPAツールで、2018年2月末時点の提供実績は800社を超えており（https://winactor.com/product/67/）、代表的なツールといえるでしょう。パソコン1台から気軽に導入でき、国産のためすべての機能が日本語に対応しています。Microsoft Office、たとえばExcel、Access、Word、Outlookなどをはじめ、個社が開発したWindowsシステムなどあらゆるWindows業務の自動化が行えます。PC1台あたりの標準導入価格は90万円前後／年からです。

▶ **WinActorの動作画面** 図表29-1

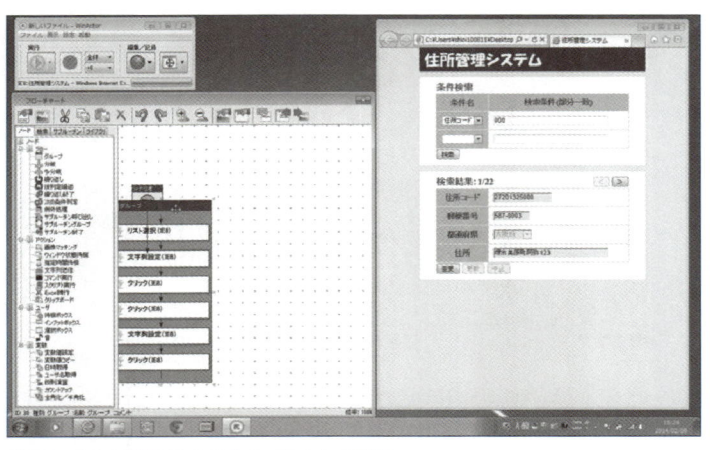

グラフィカルな画面でわかりやすいWinActorの画面
https://winactor.com/

オンプレミス型、クラウド型の代表格RPA

RPAテクノロジーズが提供するRPAツール群「BizRobo!」は、提供実績400社を越えており、オンプレミス型の代表的ツールといえます。同時に多数のロボットを稼働させることができ、自社のサーバー環境に合わせてセキュリティ設定も行えます。サーバーあたりの標準導入価格は720万円／年からです。

クラウドの代表格は BizteX株式会社が提供するクラウド型RPAツール「BizteX cobit」です。提供実績は非公開ですが日本で最初にクラウド型RPAを提供したことから代表的ツールとして紹介します。低コストで最短即日から導入でき、Webブラウザからの利用を想定しているためわかりやすい操作体系なのも特徴です。またWebブラウザを経由するため、Macからも利用できます。利用量に応じ課金される仕組みです。1アカウントあたりの標準導入価格は10万円／月からです。

> 導入実績の多いこの3サービスを軸に、いくつかのサービスを比較していけばほかのサービスの特徴もわかるようになるはずです。

高い拡張性、セキュリティ機能を持ったRPA製品・サービス

高度な機能を提供するRPA製品・サービスにも比較の軸になりそうなサービスがあります。ここでは「UiPath」「Blue Prism」「Robotic Crowd」の3つを紹介します。

「UiPath」は UiPath株式会社が提供するいわゆるデスクトップ型RPAです。アメリカに本社を構えていますが2017年から日本支社を設立し、急速に導入実績を伸ばしています。ロボット作成だけを切り出した管理モジュールやサーバーからの管理機能など、高機能なツール群を後から追加できる拡張性の高さが特徴です。導入後の発展を見込んで導入するのに適しています。開発環境と実行環境セットで標準導入価格は50万円前後／年からです。

「Blue Prism」は、Blue Prism株式会社が提供するオンプレミス型RPAです。2001年からイギリスにて事業を開始しており、この業界では長い歴史のある企業といえます。セキュリティが強いRPAであり、金融機関や公的機関での導入実績が多いというのもその信頼性の高さを物語っています。

「Robotic Crowd」は、Tutorial株式会社が提供するクラウド型RPAです。2018年の提供開始であるものの執筆時点で10社前後で導入されており、筆者としては今後の成長株と見ています。クラウド型の手軽さを備えつつ、ソースコードを公開しているのでカスタマイズ性が高いのが特徴です。これにより外部にアウトソーシングすることもできます。1アカウントあたりの標準導入価格は10万円／月からです。

主要な機能からRPAを絞り込む

このレッスンの
ポイント

RPAにはさまざまな製品群があることを解説してきましたが、それぞれ利用できる機能も豊富にあり、なかなか全体がつかめないでしょう。このレッスンでは、主なRPAツールに**共通して備わっている基本的な機能**を紹介します。

● RPAの主要機能を理解しよう

同様の機能でも製品やサービスごとに名称が異なるため、機能比較は簡単ではありません。まずは基本的な主要機能を押さえておきましょう（図表30-1）。

▶ 主要機能の3分類 図表30-1

ソフトウェアの基本機能	キーボード操作（入力）できる
	マウス操作（クリック、ドラッグ）できる
	画面の文字を判別して、操作の対象にできる
	画面の図形、色などを判別して、操作の対象にできる
	ExcelやWebブラウザなどのソフトウェアで作業できる
	予約して作業を実行できる
	手順書通りに操作ができる
	ルールにもとづいて条件分岐した処理ができる
	ソフトウェアをまたいでデータ入力出力ができる
業務支援機能	業務変更にロボットの修正で対応できる
	オフィスにいなくても遠隔操作ができる
	複数のパソコンを操作できる
	複数のパソコン分の仕事をまとめて行える
	OCRや分析ツールなどにデータを受け渡しできる
	過去の作業データを蓄積して分析できる
発展機能	高度なセキュリティ要件に対応
	プログラミング言語による開発
	機械学習に対応

まず大まかな機能で分けて必要なものを探る

図表30-1 を見ながら、RPAの主な機能をもう少し詳しく見ていきましょう。まず、パソコン操作の自動化を行うために必要な機能が「基本機能」です。基本機能には、キーボード、マウス操作（入力）できるのはもちろん、ExcelやWebブラウザなどのソフトウェア上の作業を実行できたり、繰り返しや予約といった動作回数・タイミングを指定できる機能があります。ほとんどのRPAに搭載されており、機能上の大きな差異はありません。

次に、RPAの作成、管理や操作を便利にするのが「業務支援機能」です。ロボットの作成手順を記録する機能や、複数のPCを管理できるもの、メール送信機能などがあります。デスクトップ型など、実行環境によって機能が異なります。

3つ目は、RPAの先を見据えた高度な機能である「発展機能」です。発展機能には、高度なセキュリティ機能や、プログラミング言語による開発機能、過去の作業データを蓄積して分析し学習する機械学習機能などがあります。海外産のソフトウェアに多くみられます。

RPAツールの機能比較を行う際には、基本機能は自社が使う機能が欠落していないかを確認するにとどめ、ロボットの運用面の確認を支援機能、高度な利用をしたい場合は発展機能を中心に比較を進めていくことをおすすめします。

RPA製品・サービスを選定するための考え方

前掲した 図表28-2 のサービスマップでわかるように、市場の成長に伴いRPAサービスも急激に数を増やしています。数が多すぎるのと、前述したようにサービスごとに機能の呼び名や動き方が違い、詳細な機能比較表を作る意味があまりありません。筆者のおすすめは「特徴による大まかな絞り込み」「自社能力フィットによる詳細な比較」の2ステップです。

特徴による大まかな絞り込みは「取り扱う環境」「開始規模」「セキュリティ」「カスタマイズ」「予算」で行うことができます。

自社能力フィットについては、次のレッスン31で解説します。

◯ RPA適用業務を取り扱う環境は？

「取り扱う環境」では、Windows環境が必須の業務かどうかが指標になります。Windows環境の操作がメインになる場合はデスクトップ型か、オンプレミス型のRPAを最初に検討します。クラウド型の場合はスプレッドシートなどのWeb環境にファイルを用意しなければならないことがあり、運用上のネックになることがあります。一方でMacの場合はデスクトップ型、オンプレミス型は対応していないことが多いため、クラウド型RPAが適しています。

▶ 取り扱う環境で絞り込む 図表30-2

| Windows 環境 | → | デスクトップ型／オンプレミス型 |
| Mac 環境 | → | クラウド型 |

◯ RPAの開始規模は大きい？小さい？

「開始規模」では、自動化業務をスタートする規模が指標になります。「スモールにはじめたい」場合には、デスクトップ型かクラウド型のRPAを最初に検討します。オンプレミス型の場合はサーバー環境の準備が必要になり、導入価格が高くなるので投資対効果を合わせるためにも大規模なRPA導入が向いています。

▶ 開始規模で絞り込む 図表30-3

| 小規模 | → | デスクトップ型／クラウド型 |
| 大規模 | → | オンプレミス型 |

◯ セキュリティ要件は高い？低い？

「セキュリティ」では、高度なセキュリティを要求するかどうかが指標になります。顧客の口座情報など個人情報を取り扱う場合はデスクトップ型かオンプレミス型RPAを検討します。クラウド型RPAの場合は、要求するセキュリティ要件を満たすためのコストがデスクトップ型RPAなどのコストを上回り、クラウド型RPAの手軽さを損ないがちです。

▶ セキュリティ要件で絞り込む 図表30-4

| セキュリティ要件が高い | → | デスクトップ型／オンプレミス型 |
| セキュリティ要件が低い | → | デスクトップ型／オンプレミス型／クラウド型 |

カスタマイズする必要があるか？

「カスタマイズ」では、基本操作に加え て想定しているカスタマイズ（独自機能 の追加）があるかが指標になります。カ スタマイズを予定する場合は、サービス の型よりも追加開発に対応するプログラ ミング言語による開発機能があるか、 RPAが接続できる機能（OCR、音声入力） などの発展機能を確認するとよいでしょ う。

▶ カスタマイズで絞り込む 図表30-5

カスタマイズあり	→	発展機能が必要（プログラミング言語、拡張性）
カスタマイズなし	→	基本機能のみでよい

予算規模はいくらか？

「予算」では、予定している予算の規模 が指標になります。デスクトップ型RPA では1台あたり年間数十万〜100万円程度、 クラウド型RPAでは稼動量に応じて月10 万円程度、オンプレミス型RPAでは導入 規模に応じ年間数百万程度と金額に大き な開きがありますので比較しやすいでし ょう。

▶ 予算規模で絞り込む 図表30-6

年額　100万円程度	→	デスクトップ型
年額　数百万円	→	オンプレミス型
月額　10万程度	→	クラウド型

> これらの特徴の絞り込みを行うと、50 あったサー ビスも 5 つ程度に絞れるでしょう。続いて次の レッスン 31 で紹介する自社能力フィットによる 詳細な比較で絞り込んでいきましょう。

［自社能力フィット表］

導入時のチェックポイント

**このレッスンの
ポイント**

「特徴による大まかな絞り込み」を終えたら、詳細な比較をしていきましょう。比較にあたっては、製品やサービスに搭載されている機能を軸にするよりも、<u>自社の能力にフィットしているか</u>を軸にしたほうが無理なく導入できます。

○ 現場目線で選定する

RPAは業務部門の現場の人間が関与することが多いツールです。そのため導入時には、現場目線で選定を進めることが重要です。比較のポイントは「機能だけでなく、人員や組織の特徴でも比較する」そのあと「自分以外を基準にして自社比

較する」ということです（**図表31-1**）。
便利だろうと思って高機能のシステムを導入したものの、ほとんど必要なかったり、現場の人間に使いこなせなかったりという事態を防ぎましょう。

▶ **比較項目を自社に当てはめて製品を絞り込む** 図表31-1

①導入規模
②セキュリティ要求レベル
③ロボットの管理台数
④ツールの価格
⑤操作難易度
⑥必要人員タイプ
⑦必要人員スキル
⑧適した業務タイプ
⑨必要な人員数
⑩導入までの期間
⑪適したプロジェクトタイプ

自社（現場）に当てはめて検討する

導入するサービスを絞り込む

①から⑪のように、候補のRPA製品・サービスを導入する場合の要件を羅列して、その要件を自社にあてはめて選定を絞り込む

機能が豊富な海外製 RPA ツールに惚れ込んで、自分が使いこなせるかどうかを基準にしてテスト導入してみたら、誰も使えないということが私にもありました。

◯ 機能だけでなく「自社能力フィット」を見る

RPAの機能から自社に適用できるかを考えるのではなく、自社の能力からどのRPAを選ぶかを考えるのが「自社能力フィット」です。図表31-2のように、比較している製品・サービスを、必要な能力ごとに分解して、自社の要望やリソースや現状を入れ込んで比較します。筆者は図表31-2の8つの軸で比較しています。

▶ 自社能力フィット表 図表31-2

	①業務タイプ	②推進タイプ	③必要な人数	④必要人員タイプ	⑤必要スキル	⑥導入期間	⑦必要予算	⑧個人情報
サービスA	大量少品種	トップ主導	多い	PM	設計レベル	3〜6か月	数百〜数千万	問題なし
サービスB	少量多品種	SE主導	少ない	SE	業務定義レベル	1〜3か月	数十万〜数百万	ほぼ問題なし
サービスC	少量多品種	現場主導	少ない	ヘルプデスク	要求仕様レベル	〜1か月	数万〜数十万	やや問題あり
当社	少量多品種	現場主導	多い	ヘルプデスク	PCセットアップレベル	〜1か月	数十万	やや問題あり

自社でこのような表を作成して埋めていく。この例では3つのサービスを、8つの縦軸で比較検討している

◯ 比較軸①「業務タイプ」

どのような業務がどれくらいある場合に向いているか。業務の量や種類によって向いている製品・サービスは変わってきます。たとえば少量多品種の業務の場合は、初期導入費がかかってもロボットが作り放題のサービスがあるオンプレミス型RPAを選んだほうが賢いということもあります。図表31-3を参考に自社の業務タイプを絞り込みましょう。

▶ 業務タイプとサービスのタイプ 図表31-3

自動化したい業務の品種

多品種

少量多品種 ➡クラウド型	大量多品種 ➡オンプレミス型
少量少品種 ➡デスクトップ型	固定された大量業務 ➡開発型

自動化したい業務フローの量　少量 ⟶ 大量

少品種

このようなマトリクスで業務を振り分けていく

● 比較軸② 「推進タイプ」

推進タイプというのは、トップダウンで導入を推進しているか、あるいはボトムアップなのか、という点です（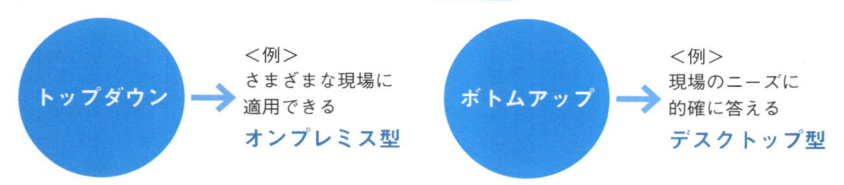図表31-4）。たとえばトップダウンであれば、どこの現場に適用されるか最終的な判断まで時間がかかることが予想されます。言い換えれば、さまざまな現場に導入できるタイプのRPAがよいということになります。そうなるとオンプレミス型RPAが現実的な解となります。一方ボトムアップであれば、自動化のニーズは明確であるため、現場のパソコンに個別にインストールするデスクトップ型RPAがよいという判断になるかもしれません。

▶ **推進タイプによるサービスの選択肢** 図表31-4

トップダウンかボトムダウンかによって、RPAの型を絞り込む

● 比較軸③ 「必要な人数」

プロジェクトに必要な人員が何人いれば足りるかということです。たとえばサービスの中には専門の人員を準備したほうがうまく運用できるRPAもあります。また、業務によってはRPAが処理したデータをチェックする仕事が生まれ、それをアウトソーシングしたほうが安くなる場合もあります。

● 比較軸④&⑤ 「必要なタイプ、スキル」

RPAの型によって必要なスキルが異なります。たとえばデスクトップ型RPAであればヘルプデスクのようなスキルが必要だし、オンプレミス型RPAであればシステムエンジニアのようなスキルが必要です。それら本業の人材が社内にいて幸運にもプロジェクトに参加してくれればよいですが、現実にはなかなか難しいでしょう。また、エンジニアではなくてもスキルを持った人材がいる場合もあります。そこで、自社能力フィット表の上では「人員タイプ」「人員スキル」に分けて記入するようにしています（図表31-5）。

🔵 比較軸⑥「導入期間」

導入にどれだけの時間をかけられるかで判断は変わります。たとえばテストプロジェクトとして成果を3か月で求められる場合、自社サーバー環境準備などの導入に時間がかかりそうなオンプレミス型RPAではなく、PCにインストールするインストール型やWebブラウザから利用がはじめられるクラウド型RPAではじめてしまうのも手です。

🔵 比較軸⑦「必要予算」

初期費用と維持費はどのくらいかかるか。たとえば徐々に予算を獲得しなければいけない場合は、安価にはじめられるデスクトップ型やクラウド型RPAで成果を出しながら、予算はかかるけれど、ロボットを多数運用するコストに優れるオンプレミス型RPAへの移行を検討することもできます。

▶ 必要な人員タイプとスキル 図表31-5

サービスタイプ	必要な人員タイプ	必要なスキル
デスクトップ型	ヘルプデスクタイプ（PCの設定、管理が発生）	業務を自分で行うスキル、PCセットアップスキル
オンプレミス型	システムエンジニアタイプ（業務定義、サーバー設定が発生）	マクロが組める、業務を定義できるスキル
クラウド型	特になし	業務を自分で行うスキル、Webサービスに抵抗がない
開発型	プログラマー、システムエンジニア	システム開発同様、プログラミングスキル

タイプは職種のように、一般的にイメージしやすい名称で表記する。そうすることで、どんな人材が必要かが一目で理解できる。スキルは、具体的にどんな技術が必要かを明記する

👍 ワンポイント 情報の管理レベルや業務フローの柔軟性について

忘れがちですが、「個人情報の取り扱い、業務変更への柔軟性」も重要なポイントです。たとえば高度な個人情報を扱う業務の場合、セキュリティ上のリスクがないかどうかはしっかりと確認しておく必要があります。

32

他社の成功事例を活用する

**このレッスンの
ポイント**

> RPAのニュースはよくも悪くも事例先行で報じられます。事例は役に立ちますが、それがそのまま自社・自部門に適用できるわけではありません。このレッスンで実際の導入に役立つ事例の活かし方を学んでいきましょう。

○ 先行事例をそのまま適用しない

導入する際の重要な検討材料の1つとして他社の先行事例があります。RPAベンダーのサイトなどで紹介されている先行事例はほとんどが成功事例なので、自社に導入しても同じ成功がもたらされると考えるのは致し方ないことです。それでも一歩立ち止まって「本当のところどう

なの?」という部分をしっかりとリサーチすべきです。成功事例は成功の保険にはなってくれませんが、「事例を導入に活かす」くらいのとらえ方をすればよいでしょう。実際には、それらの成功事例の裏側に多くの失敗事例が隠れているのです（図表32-1）。

▶ **事例は氷山の一角** 図表32-1

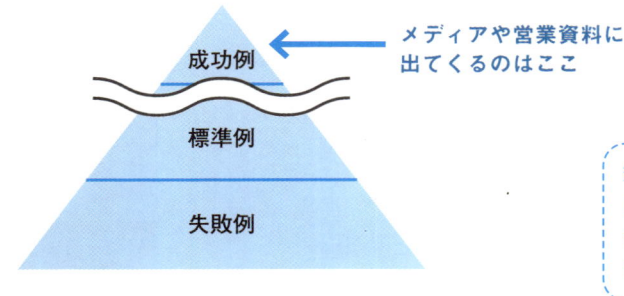

メディアや営業資料に
出てくるのはここ

成功事例は文字通り成功したからこそ宣伝ツールとして
紹介されているということを認識する

> 筆者自身、多くの「しくじり」を体験したからこそ成功事例を語ることができるのです。

● 成功事例を活かす「事例活用表」を作る

導入のためにRPAベンダーなどに話を聞くと、必ず成功事例を挙げて説明するでしょう。その成功事例が自社に活用できるかどうかは、3つの質問を投げかけることでチェックできます。それは「自社に活かせる点はどこか」「逆に自社に活かせない点はどこか」「失敗した事例にはどんなものがあるか」です。質問する相手はRPAベンダーの営業担当やコンサルタント、導入を担当してくれている社員でもかまいません。事例に出てくる企業の環境と自社を比較して、どこが参考になって、どこが参考にならないのか、ここが事例を活かすポイントになります。たとえば「この事例の社員のスキルは自社と同じくらいのレベル。ただしセキュリティに対する要求は自社ほど高くない。失敗事例は業務の変更に対応しきれなかったこと」というように事例の参考にできるポイントを抜き出しておくのです（図表32-2）。

▶「事例活用表」の例 図表32-2

成功例	導入サービス	活かせるポイント	活かせないポイント
A社	サービスA	業務がほぼ同じ	時間がかなりかかる
B社	サービスB	人員レベルが同じ	専門人員が存在
C社	サービスC	同業他社で全体で参考に	規模が異なる

失敗例	導入サービス	活かせるポイント
A社	サービスA	業務変更対応の検討
B社	サービスB	セキュリティ要求の確認
C社	サービスC	社員のITリテラシー確認

このような表に落とし込んで、提案書に掲載する

> 多くのRPAサービスは導入して終わりではなく、継続的に使い続けるものです。ベンダー側の担当者と長い付き合いになることも考えられるので、こちらの疑問や不安にきちんと答えられる相手を見つけられるかもポイントの1つです。

Lesson

33

［業務ヒアリングサンプル］

業務をヒアリングする

このレッスンの
ポイント

RPAの対象業務を選定するには、業務を行っている当事者に聞くのが一番です。しかし1人ひとりを対象にインタビューするのは無理があります。そこで、ヒアリングには「アンケート法」と「アイデアソン法」をおすすめしています。

○ 何をどこまでRPA化するか

RPAのような働き方改革やコスト削減に直結するプロジェクトは、会社の上層部からトップダウンで導入を推進する場合が多くあります。そのようなプロジェクトにリーダーとして任命された場合、自分の現場ではない業務範囲を含めて効率化の可能性を探る必要があり、各部門ごとの業務分掌を把握してプロジェクトを設計しなければなりません。

A部門の業務となっているはずの業務をB部門が行っているというようなことはよくあります。RPAで効率化しようとして

いる業務をどこの誰がやっているのかは現場でヒアリングをしないと正確に把握できません。逆に、高度に分業がなされている組織などは誰が何をやっているかを同僚同士でさえ把握できていないことがあります。

RPAは業務の自動化を行うプロジェクトですので、実際その業務を担当するスタッフが「設計図」を持っています。具体的にいえば、業務マニュアルです。トップダウンによる企画と、ボトムアップによる設計図の入手が必須です。

私もそうでしたが、トップダウンで一方的にRPA化をはじめようとしたら「そんな業務ありませんよ」「実際はこうやってるから無理ですね」「現場をわかってないですね」といわれるはめになります。

Chapter 5

RPAの導入計画を立てよう

⚫ ヒアリングの内容

各部門の分掌業務を把握したら、自動化の余地がありそうな部門にアタリをつけてヒアリングを行います（**図表33-1**）。ヒアリングの内容は「どんな業務を」「誰が」「どんな頻度で」「どのくらいの時間をかけて」「なぜそう思うのか」「この仕事がなくなったら何をしたいか」です。業務を確認するだけでなく、この作業で得られる情報は自動化するときのROIの算定の基礎になります。

▶ 社内業務ヒアリングシート **図表33-1**

① 「どんな業務を」
200 文字程度で業務を説明してもらう
例）契約継続の更新作業で、対象企業のリストを Excel で作成しそのリストに対して手作業でシステムの更新実行、お客様への連絡やそのほかの業務システム実行をしています。

② 「誰が」
社員なのか、アルバイトなのか、顧客やユーザーなのかを書いてもらう
例）社員 5 人

③ 「どんな頻度で」
週に 1 回なのか、毎日なのかを書いてもらう
例）週に 1 回

④ 「どのくらいの時間をかけて」
業務にかかる時間を書いてもらう
例）全員で 8 時間〜 10 時間

⑤ 「なぜロボット化したいと思うのか」
ミスの発生頻度や嫌がっている理由を書いてもらう
例）延々と同じ作業を繰り返し行うので、私でなくてもできます。時間もさることながら件数が多いのでミスが多数発生し、その確認や修正にも時間がかかります。なによりその心理的ストレスが大きいです。

⑥ 「この仕事がなくなったら何をしたいか（早く帰るでも OK）」
空いた時間を何に充てるかを書いてもらう
例）早く帰って、資格取得の勉強をしたいです。

①から⑥の見出しを入れた文書を配布したり、Web フォームから入力してもらったりしてもよい

⬤ ヒアリングの手法

次にヒアリングの手法ですが「アンケート法」は 図表33-1 のヒアリングをWebや紙のアンケートで実施します（ 図表33-2 ）。デスクワーク中心で比較的、Webアンケートに慣れている職場でやりやすい手法です。自社が社員向けのサーベイなどを行っている場合には使いやすい手法でしょう。もう1つは「アイデアソン法」です。

アイデアソンは新規事業のアイデア出しなどに用いられる討論の進め方です。ヒアリングする内容はアンケート法と変わりませんが、ヒアリング自体を 図表33-3 のようにイベント化します。Webアンケートの回答率が低い場合、時間がない組織や、イベントなどに乗り気な職場でやりやすい手法です。

▶ アンケート法、アイデアソン法 図表33-2

アンケート法ではメールなどでアンケートを配信する

▶ アイデアソン法 図表33-3

アイデアソン法ではイベントを開催して付箋に書いてもらう

👍 ワンポイント　無記名形式にする

実施する際は注意点があります。自分の仕事を「自動化してほしい」と他人に伝えるのは「自分の仕事はレベルが低い」といっているような感じがするのが人情です。アンケートやアイデアソンを記名の格式ばった内容にしがちですが、無記名もしくは任意とすることをおすすめします。

1週間で業務の洗い出し、1週間で業務の特定を行う

ヒアリング結果がまとまったら、同じ内容の業務をまとめていきます。いろいろな部門で同じ業務をやっていることに気づくはずです。

筆者の職場で全社を対象にしたWebアンケートを1週間で実施したところ、300ほどの業務が洗い出されました（**図表33-4**）。さらにアンケートのアウトプットを参考にし、対象になる業務を回答している部門を洗い出して第一優先の部門群を作ります。続けて対象の部門を絞り込み、2回目のアイデアソンを実施し、業務内容を再度確認することで業務を特定するという流れです（**図表33-5**）。

アンケート結果をもとに優先順位をつけていけばアンケートそのものが導入計画の資料に使えます。また、アイデアソンを行えば実際の業務を行っているメンバーと顔を合わせて業務のヒアリングができるので、業務の詳細も理解できるのです。

▶ **アンケート結果のアウトプット** 図表33-4

ロボにやらせたい業務をきっくりおしえてください。		その業務は誰がやっているどのくらいの頻度でやっ		上記の頻度で1回何時間×	工数総数		その業務はマニュアルが	その業務はどのくらい面倒ですか？思いの丈を書いてくだ

アンケートの内容はExcelなどにまとめて整理し、担当者や頻度、マニュアルの有無といった項目で分類できるようにすると便利

▶ **業務を特定していくフロー** 図表33-5

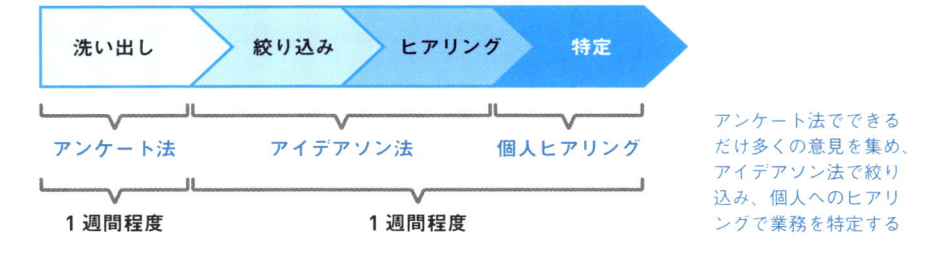

洗い出し ▶ 絞り込み ▶ ヒアリング ▶ 特定

アンケート法 ｜ アイデアソン法 ｜ 個人ヒアリング

1週間程度 ｜ 1週間程度

アンケート法でできるだけ多くの意見を集め、アイデアソン法で絞り込み、個人へのヒアリングで業務を特定する

34

［投資対効果試算の公式］

「投資対効果の期待値」の罠を避ける

このレッスンの
ポイント

一定の投資を伴う**RPAプロジェクトには、投資対効果の試算が欠かせません。**投資対効果は高すぎても低すぎても経営陣からの納得を得にくいものです。このレッスンでは投資対効果試算の基本的な考え方を解説していきます。

○ 投資対効果はバランスが重要

投資対効果とは、**図表34-1**のようにかけた費用に対してどれだけの効果が表れたかということです。RPAの文脈でいえば、自動化によって人件費がいくら減るのか、また、自動化によるリストラクチャーによってどれだけの利益がもたらされるか、ということを算出します。

「効果」を高く見積もれば期待値も高まり、多機能なシステムの導入につながって、結果として「投資」も増えるということ

になりかねません。その結果、ふたを開けてみれば期待したほどの効果が得られなかったということになればマイナスです。逆に「効果」を低く見積もれば、プロジェクトそのものの意義に疑問符がついてしまいます。

言うは易しですが、「投資する価値があると認めてもらえて、達成するのが難しくない」レベルの投資対効果を算出できるかが提案のポイントです。

▶ 投資対効果の考え方 **図表34-1**

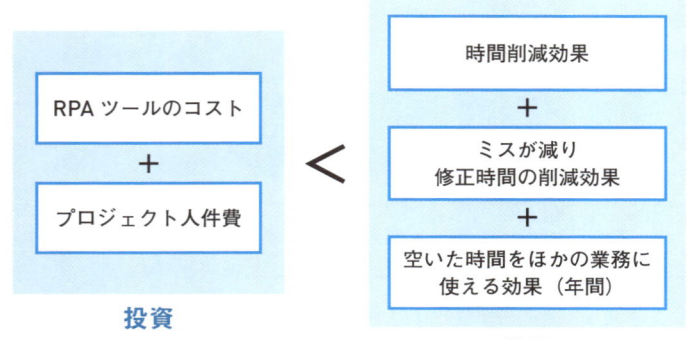

投資

効果

計画では効果が
多少上回るくら
いを想定

投資対効果を算出する方程式

投資対効果の算出に有効なのが「最低○○くらい、最大○○もいけるかもしれない」というやりかたです。

これはアンケートやアイデアソンの結果をベースに試算できます（図表34-2）。これを使って「時給」×「時間」×「頻度（回数／月）」×「人数」×「自動化できる割合」で算出します。

自動化できる割合は自分でテストした結果が参考になります。RPA化ですべての業務を自動化できるわけではありません。ヒアリングの内容をもとに類似の業務をやってみたときの自動化の割合を参考にして割り当てていきます。わからない場合は、ROIの算出からは外し、優先度を下げるのがおすすめです。

▶ **投資対効果を算出する基礎方程式** 図表34-2

仮に時給1,000円の人が毎日1時間やっている業務の50%を100人分自動化したとすると、

「時給（やっている人）」×「時間」×「頻度（回数／月）」× 「人数」×「自動化できる割合」

= 1000×0.5×20×100=100万円分／月

の効果ということになる

最低、最大の幅を作る

実際にRPA化できるかわからないため、最大値から最低値まで幅を持たせて投資対効果を計算します。そのためには自分テストと他人テストの結果を業務ごとにABCDで評価します（図表34-3）。まず最低投資効果は、Aがついた業務と類似の業務をベースに算出します。A評価の業務であればほぼ確実に成果が出せると見込みます。B評価の業務はほぼ達成できると判断します。C評価の業務は「もし

かしたらうまくいくかもしれない」という判断で、業務ごとに投資対効果を算出します。自動化にともなうミスやクレームの減少などが、自動化によってゼロになると仮定して「1件当たりの対応コスト」も比較材料となります。

AとBを合わせた効果がRPAプロジェクトの予算を下回る場合は、プロジェクトの規模を縮小することをおすすめします。

▶ **ABCD評価のイメージ** 図表34-3

A：自分もやってみたし、ほかの人もできていた
B：自分はできたけど、他人はできていなかった（反対も同じ）
C：わからないけど類似事例を見るとできそう
D：わからない

[コンセプト立案]

35 社員の心に刺さるコンセプトを作る

このレッスンの
ポイント

RPAプロジェクトに欠かせないのは、<u>共感されるコンセプト</u>です。周りが「自分の役割がロボットに取って代わられる」という悪いイメージを抱く可能性もあります。これを防ぐためのコンセプトの立て方を見ていきましょう。

◯ 現場スタッフに共感されるコンセプト

筆者が「働き方改革」のスローガンのもと、意気揚々とRPAプロジェクトをはじめたときに「私の仕事は機械に代わりが務められるようなものじゃない」と反発を受けたことがあります。現場にこのような気持ちがあると、RPAプロジェクトはとん挫してしまいます。

「働き方改革が必要だ」といわれた相手は「お前の仕事は無駄が多い」といわれ

ている気分になってしまいます（図表35-1）。また、働き方改革は「労働時間減＝善」という考え方が前提としてありますが、現場スタッフがそう思っているとは限りません。特に会社によっては残業時間が給与の稼ぎどころという場合があるため、<u>現場を動かすためにも自社にあった働き方改革コンセプトの立案が必要</u>です。

▶ 働き方改革の作用のズレ 図表35-1

経営層
「働き方改革だ！」

「お前の働き方はなってない」
「ムダな仕事の仕方をしてるだろ」
「残業代で稼げないようにする」

現場
「なんだよ！」

働き方改革で得られるものを伝えないと「現場の効率が悪い」といっているだけになってしまう

● インタビューで集めた意見からコンセプトを探る

自社に合った働き方改革のコンセプトの立案は、社員が何を望んでいるかを確認することで実現できます。アンケート法で調べた「この仕事がなくなったら何をしたいか」を確認してみましょう。まずはこの中で一番大きい声を叶えるのがプロジェクト成功の近道といえるでしょう。筆者の働くディップの場合、みなし残業制度によって30時間分の残業代が含まれる給与形態なので「1時間早く帰れる」ことが社員の気持ちに刺さることがわかりました。つまり、残業をしないほうが1時間あたりの時給が上がるということです。

育児中の社員が多い会社であれば「子供との時間が増える」、成長意識の高い社員が多い会社であれば「空いた時間でやりたい業務」、給与を稼ぎたい社員が多い会社であれば「ロボットの部下と一緒により高い成果」というように自社の社員にとっての残業代を超えるメリットを提示するのがコンセプト立案のポイントになります（**図表35-2**）。

ただ、対象の社員から見れば会社側が行うアンケートにすぎないので、本音を語ってくれるかはわかりません。そのためWebアンケートだけではなく、わかりやすい資料を作り、現場の社員に提示して反応を見てもよいでしょう。「いつからやるんですか？」「どうやったら使えますか？」と中身に対する具体的な反応が返ってきたらよいコンセプトといえます。

▶ 導入コンセプトの提案書 図表35-2

導入コンセプト提案

RPA は現場が使う業務システムのため、社員の協力が不可欠です。アンケートにもとづき現場が喜ぶコンセプト「○○○○」を軸にサービスの導入をはじめていきます。

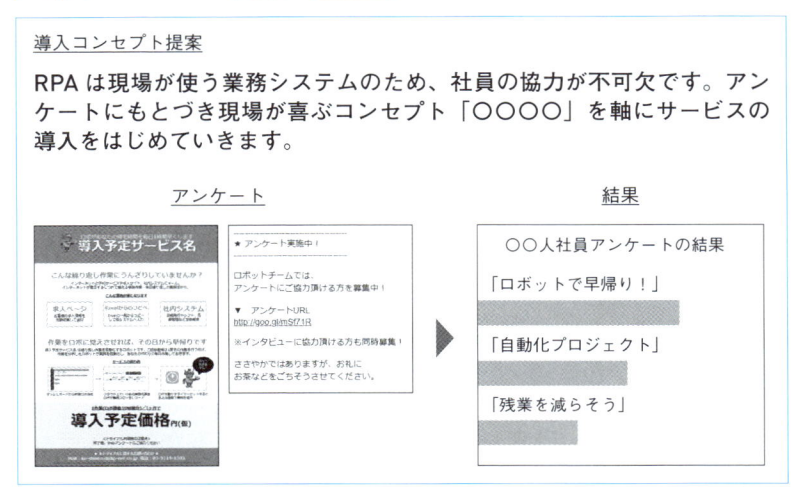

36 プロジェクトチームを立ち上げる

[実現できるチームの作り方]

**このレッスンの
ポイント**

RPAプロジェクトでは、担当者のほかに情報システム部門、現場部門、外部パートナーというように<u>組織や会社の枠を超えたチーム編成</u>が必要になります。チーム編成を行う方法を学びましょう。

● 体制をしっかり固めてからスタートする

トップダウンで期待値が高いプロジェクトの場合、体制が固まらないうちに見切り発車することがあります。筆者も経験がありますが、導入計画を立案した時点では社内に適任が不在で、メンバーを空欄にして「TBD」（to be determined）と記入することがよくあります。要は「決まっていない」ということです。このまま走り出すと外部の追加人員が必要になったり、ひどい場合は自分以外誰もいない、ということになります。これは絶対に避けるべきです。

RPAプロジェクトを行う場合、<u>ディレクター、 ロボットを作るオペレーター、RPAがアウトプットしたものをチェックして改善するグロースハッカー、インフラ担当の4人がセット</u>として考えられます（**図表36-1**）。現場や情報システム部門からこれらの役割を選出しましょう。チームの組成では、**図表31-2**（レッスン31の自社能力フィット表）で準備した必要スキルをベースに当てはまる人材を社内でチェックしていきます。

▶ **RPAプロジェクトの体制図** 図表36-1

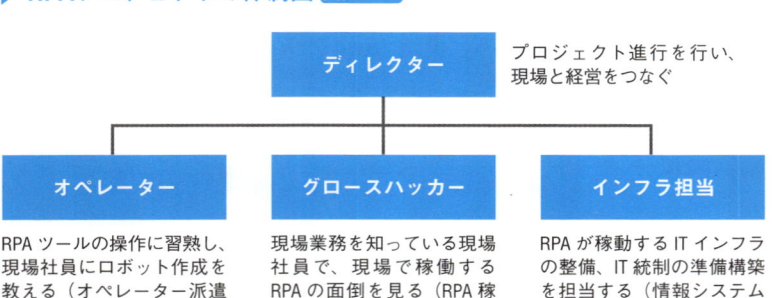

人材見極めのための「第1回RPAハンズオン」

チームメンバーを選定するときに必要なのは、スキルの見極めと、実際に業務を回すときに生まれる「想定していない業務」の洗い出しです。

1時間でそれを実現できる手法があります。それは「RPAハンズオン」です（**図表36-2**）。導入を検討しているRPA製品があれば、その営業担当者に説明に来てもらってもよいし、そこまででなくても、自分テストで試用したRPAを使って自分で説明してもよいです。いずれにしても、これからプロジェクトを推進するメンバーとRPAとはどんなものかを早い時点で共有するために、実際の製品に触れてもらう

機会を設けます。この「第1回RPAハンズオン」では、前述のオペレーター人員となるプロジェクトメンバーを選出するために、実際に適当な作業ロボットを作ってもらいます。また、足りない機能はないか、つまずきやすいポイントはどこか、といったRPA製品に対する不満点などを洗い出します。

時間的な余裕があれば、複数のRPA製品でハンズオンを行えば、自社にふさわしいものがどれかこの時点で絞り込めるでしょう。

なお、第2回ハンズオンはRPAの稼動直前に行います（レッスン45で解説）。

▶ RPAハンズオンの内容 図表36-2

1 プロジェクト説明

プロジェクトの概要と RPA について解説する

2 ロボット作成

RPA ツールを使ってロボットを作成する

3 実行と振り返り

ロボットを実行してみて、結果を振り返る

②は、自分テストや他人テストをしていないメンバーにもやってもらう

実際問題として、理想のメンバーが揃うことは少ないでしょう。外部の協力を仰いだり、ベンダー担当者に入ってもらったりする必要があります。または、チームメンバーで運用できるサービスを選定しましょう。

Lesson 37 ［フューチャープラン］
可能性を感じる
フューチャープランの作り方

**このレッスンの
ポイント**

RPAプロジェクトは定常業務の代替のため、「アウトソーシングで乗り切ればいいのではないか？」という声が出てくることもあります。将来性を感じさせるプロジェクトの提案書を作成し、ビジョンを共有しましょう。

⬤ RPAの可能性を共有する

RPAの導入企業は2018年内に5,000社を超すといわれていますが（日経コンピュータ、2018/01/15）、この数字は日本の全法人数の1%もありません。ここまで解説してきたように社内手続きが面倒である点、そして 図表37-1 のような心理的なハードルがある点が導入を妨げているといえます。

導入提案書のクロージング部分では、「現在のRPAから将来のAIにつながり、今以上に生産性の高い会社に生まれ変わる可能性」をしっかりと伝え、決裁者や職場のメンバーに夢を抱いてもらうことも忘れないようにしましょう。

▶ **RPAプロジェクトに対する心理的ハードル** 図表37-1

疑問	回答の方向性
たいしたことないのでは？	自分テスト、他人テストの結果と効果試算で回答する
大企業だけの話では？	中小企業の事例も話し、テストでもできた内容を回答する
Seleniumと何が違うの？	プログラミング、開発者不要のメリットを回答する
仕事が増えるんでしょう？	一時的に増加するが、自動化が終われば工数が減る見込みの回答をする
AIを導入するんじゃないの？	ルールベースの自動化と判断を含む自動化の違いを回答する
投資対効果は見合うの？	投資対効果を試算して、数値で見合う旨を回答する

ヒアリングを終えた後、実際のプレゼンテーションの場でもこういったネガティブな意見が出てくる可能性があるので、提案書に書いてあったとしてもきちんと答えられるようにしておく

Chapter 5 RPAの導入計画を立てよう

地味なRPAと将来をつなぐフューチャープラン

RPAプロジェクトの提案に欠かせないのが、実現した後の世界を決裁者や従業員に見せることです。RPAの作業自体は地味で、点でみると変化を感じにくいのは確かです。

導入計画の段階では、社員の生活がどう変わるか、どんな会社に変われるかに着目してフューチャープランを描くことがポイントです。

フューチャープランは **図表37-2** のように1年後を軸に描きます。1年後ならばRPAの成果が出ていて、1年分のROIも出ています。データも蓄積され、RPA以外の関連サービスと接続するなどして大きな絵が描けるのです。

フューチャープランの1つ目は、RPAによる自動化の効果と、社員の生活がどう変わるかを描きます。たとえば「1年で労働時間が1.5万時間、人件費は3,000万円分が削減され、100人いる従業員は1人あたり150時間もの時間を自由に使えるようになります」といった点を伝えます。

2つ目は経営上の変化を書きます。たとえば「RPAで自動化したデータをもとに受注予測の研究ができるようになり、他社よりも機動的な営業にむけて一歩を踏み出せます」というように、会社がよい方向に変わるイメージを、上層部と共有します。

▶ フューチャープランの例 図表37-2

Excel　業務システム　データベース　AI

6 ～ 12 か月で自動化の成果
「年間○時間、○円が削減、
社員は○時間が作れます」

**12 ～ 18 か月で
AI 化の成果**
「データで○のような
予測ができるように
なります」

18 か月以降
「AI を用いた
○な経営」

社員の生活・働き方がどう変わるか、どんな会社になっているかを具体的な期限を入れて説明する

周囲を巻き込む提案をしよう

**このレッスンの
ポイント**

ここまで見てきた内容で、**提案書としてまとめられるはず**です。ヒアリングした内容ですが、**合意を再度取りに行く前提でプレゼンテーションを行います。最後に失敗をしない**ように、プレゼン前の確認事項を見ていきましょう。

○ プレゼンしながら完成させる

ここまで提案書の指針を解説してきておいてなんですが、「完璧すぎる提案」にはしないほうがよい場合があります。RPAプロジェクトが現場や決裁者を巻き込む必要があることはこれまで述べたとおりですが、一点の曇りもない計画の場合、「そんなに完璧ならきみんとこだけでやれば？」「そんなにうまく行くの？」とい

う反発を受けることがあります。これまでのフェーズでも十分確認をとっているはずですが、いざ実際に決裁が下りるタイミングで不安になるものです。このタイミングで手戻りが発生するのを防ぐために、実際の導入時に意見を反映するステップを明示的に含めておくことも上手な提案の方法です。

> 最終提案時には、決裁者に対するお願いを盛り込んでおくことも有効です。

👍 ワンポイント　プレゼン時間は20分程度にまとめる

時間をかけてきたプレゼン資料ほど、念入りに説明したくなるものです。だからといって細部まで細かに説明し尽くす必要はありません。スライドのキーメッセージを伝えた後、スライドの中のポイントだけを解説する程度で十分です。聞き手が集中して聴ける限界

もありますが、プレゼンの後の質疑応答にキーマンの興味関心や課題感が現れます。20分を目安に説明し、残りの時間を相手の懸念を解消したり、共感度をあげるコミュニケーションにあてるのがコツです。

● 周囲を巻き込むプレゼンの事前準備

提案フェーズでは一気に決裁者への提案に進みたくなりますが、通常はまだ解決すべき課題が残っていると思います。

提案書には、あらかじめ専用のページで3つのアウトプットを作成することをおすすめします。1つ目は最後まで残った課題です（**図表38-1**）。運用時のバックアップ体制や、IT統制上の監査など、正直に書いていきましょう。2つ目は巻き込みたい部署や人の一覧です（**図表38-2**）。たとえば現場部門のキーマンである社員や、セキュリティを担当してくれる情報システム部門の社員、IT統制を担当する内部監査の担当など、巻き込んでおきたい担当者を一覧にしておきます。

ここまでの提案書ができあがったら、その一覧に記載されたメンバーに根回しを行います。ひととおりの導入計画を話した後に、コメントをもらい、そのコメントを担当者一覧に追記してきます。さらに課題について相談をし、解決策を示してもらえる場合は担当者一覧に追記します。大きな課題に対する解決である場合は、導入計画そのものに反映してしまってもよいでしょう。

こうして根回しを行った段階でも、解決できない課題は必ず残ります。そこで3つ目のアウトプットです。ここで残っている課題は多くの場合、ボトムアップで解決できない課題になっています。そもそもの予算がどうやっても足りない、メンバーが足りないなど、なんらかのトップダウンの判断が必要になるものでしょう。提案の最終ページには決裁者にしか解決できない課題の解決をお願いしましょう。

▶ 課題の一覧（例）**図表38-1**

課題	内容
運用のバックアップ	RPA実行が失敗した際に、手作業でカバーする必要がある
IT統制	ロボットが増えてくるとIT統制が必要になる
セキュリティ	情報システムとセキュリティのチェックを定期的に行う必要がある

▶ 協力してほしい人の一覧（例）**図表38-2**

協力してほしい部門	内容
○部の鈴木さん	RPAの実運用時に○部のキーマンの鈴木さんが必要
情報システム部	セキュリティのチェックを定期的に行う必要がある
監査部	業務の統制とIT統制のチェックを一緒にしてほしい

提案書の最後に、課題一覧と協力してほしい一覧を掲載し、決裁者の協力が得られるようにする

❗ COLUMN

インタビューの技術

この本の中に何度も出てくる「インタビュー」ですが、この作業を上手に行うにはいくつかのコツがあります。筆者がやっていることは、「候補者を選ぶ」「インタビューの台本を作る」「なるべくゆるくインタビューをする」の3つです。

まずは候補者選びです。インタビューして解き明かしたい業務やサービスがあったとして、どんな人に答えてもらうのがベストかという観点で選んでいきます。候補者選びなんて当たり前のようですが、実は一番重要といっても過言ではありません。その人が持っている知見やノウハウによって、インタビューの粒度はまったく異なるためです。

そして、候補者選びと並行して行うのが、インタビューの台本作りです。並行して行うのは、相手によって質問事項が変わるためです。インタビューの目的は、インタビューを通じて何らかの課題を解決する糸口を探ることです。事前に自分が疑問に思っていることを

テキストに落とし込むことで、質問内容の重複を防ぎ、整理できます。また自分自身が緊張して話を忘れてしまうことも防げます。このようにして台本を作ったら、インタビューをする相手にアポイントを取っていきます。

そして最終段階がインタビューの実施です。コツは、「インタビューらしいインタビューをしない」ことです。インタビューを受ける相手も緊張します。そうなると本当のことを語ってくれない場合があるので、雑談するつもりでさりげなくインタビューを行いましょう。筆者の場合、撮影や録音といった難しいことはやりません。そして1人の相手に対して複数人で行うインタビューや、たくさんの人を集めて行うグループインタビューもやりません。

あくまで1対1でやるから、相手と自分の間に信頼感であるとか安心感が生まれるし、グループインタビューの場合、相手の考えがほかの人の影響を受ける可能性があるためです。

RPAプロジェクトでインタビューをする場合、1人インタビューをしたら、紹介を受けながら同じテーマで5人程度に聞けばヒアリング結果として十分でしょう。

Chapter

6

RPA稼働までの流れを知ろう

導入プロジェクトの提案が承認されたら、実際の導入フェーズに進みます。ここでは、RPAのインストールやロボットの設計、エラー時の対応など、本番稼働にあたってのポイントを解説します

Lesson 39

[導入フェーズ]

RPA導入から運用までの全体像

このレッスンのポイント

導入計画が承認されたらサービスの導入を実行に移していきましょう。最初のレッスンでは、導入フェーズを「ロボット化業務の見直し（設計）」「ロボット構築と導入（実行）」の2段階に分けて、全体の流れを説明します。

◯ 導入フェーズ①「ロボット化業務の見直し（設計）」

少し後戻りしたような違和感があるかもしれませんが、導入フェーズの最初の段階ではロボット化する業務を再度見極めることからはじめます（図表39-1）。多くの場合、経営層や現場に導入計画をプレゼンする過程で、対象業務の変更やチームメンバーの変更が起こります。計画の変更に応じて、現実に即したサービス選定を行うためにもロボット化する業務の再度の見直し、チームの再結成からはじめることをおすすめします。このあとのレッスンではサービスを決定して、チームのキックオフまでの各アクションについてお話していきます。

▶ 導入フェーズ①：設計のアクション 図表39-1

導入フェーズ①：設計	導入フェーズ②：実行	運用フェーズ

業務決定 ➡レッスン41	実行環境分析 ➡レッスン42	RPAベンダーの選定 ➡レッスン43	稟議/発注 ➡レッスン43	キックオフ ➡レッスン43
ロボット化する業務を最終確認する	RPAのタイプに応じて、社内インフラやPCを整備する	RPAベンダーに対し、オリエンテーションを行い	発注の稟議を得る	チームを確定し、導入をはじめる

導入フェーズの最初の段階では、ロボットを設計するための材料を集める

○ 導入フェーズ②「RPAロボット構築と本番導入(実行)」

チームが組めたら実際にRPAのロボットを構築していきます（図表39-2）。テストで判明した自社の環境に関する知見が大きく役に立つのがこの段階です。

「実行」の工程はRPAのタイプによって異なりますが、共通するのは、導入前に環境を整えてからロボットを設計するまでに想像以上に時間がかかることです。

この段階で導入が頓挫することもあるため、設計時の環境分析が重要です。

環境の準備が整ったら、チームと一緒にRPAに慣れることからはじめていきましょう。ロボットの設計にもコツがあります。システム開発のように仕様書からはじめるやり方ではなく、サクサクと進められる方式もお伝えしていきます。

▶ **導入フェーズ②:実行のアクション** 図表39-2

導入フェーズ①：設計	導入フェーズ②：実行	運用フェーズ

インストール ➡レッスン44	ハンズオン ➡レッスン45	ロボット作成 ➡レッスン46	ロボット稼働 ➡レッスン47	ロボット修正 ➡レッスン48
RPAをサーバーまたはPCにインストールする	利用開始にあたってトレーニングを兼ねた体験会を開催	ロボットを設計し、作成する	ロボットを稼働し、実際の業務を行わせる	必要に応じてロボットを修正する

プロジェクトメンバーから現場にロボット作成ノウハウを移譲しつつ、きちんと成果が出るようにチェックする

○ 導入フェーズを終えたら

無事に導入が終わったら、運用フェーズに入ります。ITシステムは開発してしまえば終わり、というイメージがありますが、RPAは導入後の運用が肝要です。

何度か説明したように、RPAは万能ではありません。すべての仕事をRPAが行ってくれることはなく、人間が伴走するような形を取ります。そのため、業務が変わればロボットを修正する必要があります。また、より成果を大きくするためには業務フロー自体をRPAに合わせて修正することも効果的です。運用については第7章で解説します。

［RPAの開発］

40 机上の空論にしない アジャイルな計画

このレッスンの
ポイント

計画が決定したといっても、机上のものであることに変わりはありません。決定の過程で出てきた修正や、実際のチーム編成に応じて柔軟に計画を修正、改善する「アジャイル」（＝すばやい導入）を目指しましょう。

◯ RPAでは計画の修正は当たり前

大企業のシステム開発では「ウォータフォール型」という手法が主流です。ウォーターフォールとは「滝」のことですが、水が高いところから低いところへ一定方向に流れ続けるように、原則として手戻りのない開発手法のことです。

一方、スタートアップ企業のシステム開発における主流は「アジャイル型」という手法です（図表40-1）。「作る」ことを重視するこの手法は、小さなサイクルを何度も回し変化する環境に対応しながら開発できるメリットがあります。どちら

の手法がよいという話ではありませんが、RPAは現場と密につながった業務を行うため、小回りの利くアジャイル型のほうがRPAの開発には向いているといえるでしょう。

「RPAでは計画の修正はよいこと」と考え、現場の要件をすばやく反映しながらロボット開発を進めていきましょう。ユーザーが本当に使えるロボットを作ることを重視し、変化にできるだけ柔軟に対応できるやり方をおすすめします。

▶ **ウォーターフォールとアジャイル** 図表40-1

ウォーターフォール型開発

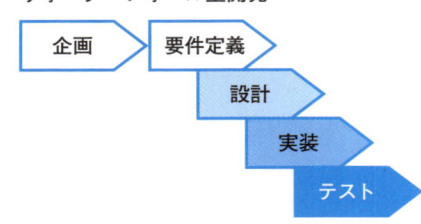

すべてを設計してから、一気に作り、一気に開発
例）ロボットを大量に設計して大量に作る

アジャイル型開発

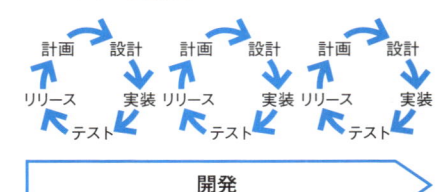

最小の価値単位で開発、小さく繰り返す
例）1台作ったら、改善してもう1台作る

● RPAの開発には3種類ある

「RPAの開発」といった場合、3つの意味があります。1つはRPA製品に最初から備わっている機能を利用してロボットを作成するという意味です。通常、企業でRPAを利用する場合はこの範囲で済むことがほとんどです。本書で取り扱う「RPAの開発」はほとんどがこれにあたります。2つめはRPA製品をカスタマイズするという意味です。たとえばRPA製品の基本機能では社内システムの特定のインターフェイスで利用できないような場合に、RPAソフトウェアのソースコードを書き直して対応させるような場合がこれにあたります。こうした開発は通常ベンダー側と相談して個別に対応することになります。そのRPA製品内でどうしても業務を完結したいときなど、特別な理由がある場合に行うことがあります。

3つめはプログラミング言語を利用してゼロからRPAソフトウェアを作るという意味の開発です。既存のRPA製品ではどうしても対応できない業務がある場合は自前で自動化ツールを開発するしかありません。もともと開発に強い企業やエンジニアが多数在籍する企業などでは、テストの自動化やサーバー管理の自動化などで行われることがあります。

通常は最初に説明したRPA製品の機能を使ったロボット開発でほとんどが事足りるでしょう。実際のところ、現在出ているRPA製品はかなり細かなロボット設計が可能になっています。

▶ 3つの「開発」 図表40-2

開発①

RPA製品の機能を使ったロボット作成

開発②

RPA製品を自社環境に合わせてカスタマイズ

開発③

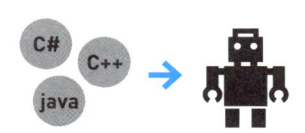

自動化ツールをプログラミング言語を駆使してゼロから開発

👍 ワンポイント　RPAを扱ううえで知っておくと役立つプログラミング言語

RPAと比較されるExcelマクロの開発言語はVBAですが、たとえばWinActorではVBAから派生したVBScriptが利用されており、マクロを作成したことがあれば親しみやすいでしょう。UiPath、Blue Prismは .NET Frameworkが利用されており、UiPathではC#が利用できます。C#、Javaなどオブジェクト指向言語での開発経験があれば、RPAの開発も検討しやすくなります。また、開発部門のテスト自動化でよく用いられるSeleniumにもJavaが用いられています。

Lesson 41

[業務の絞り込み]

RPA化する業務を絞り込む

このレッスンの
ポイント

導入計画で集めた「**RPA化したい業務**」から、実際にロボットに行わせる**業務を絞り込んでいきましょう**。第3章のレッスン13でリストアップした中からさらに優先的に**RPA化**するものを絞り込んでいきます。

○ マニュアルがあり、人的コスト・作業量の多い業務

RPA化する業務の絞り込みは、**図表41-1**の①〜⑤の順に行います。まずは「マニュアルが存在する業務」かどうかをチェックします。マニュアルは、長く繰り返され多くの人に教える必要がある業務に対して作られます。そのためロボット化した際に高い成果が期待できます。

次に「担当者の時給、人数、時間、頻度が多い業務」かどうかです。時給が高い担当者が大人数で長い時間をかけて、高い頻度で行っている業務ほどRPA化できれば大きな効果を生み出せます。このような業務は費用対効果が見えやすいため、優先順位が高い業務であるといえます。

▶ 成果が出やすい業務チェック表 図表41-1

RPA の得意分野

	①マニュアルが存在する	②担当者の時給が高い	③担当者の人数が多い	④時間がかかる	⑤頻度が高い	
業務A	×	○	○	○	○	
業務B	◎	×	○	○	○	
業務C	◎	○	×	○	○	
業務D	◎	○	○	○	○	優先順位高

業務Dがベストだが、業務BやCもさらに検討する

シンプル、かつ現場のモチベーションが低い業務

続いて 図表41-2 の①〜③の順にチェックしていきます。まずは「業務フローが短く、分岐がない業務」かどうかです。「業務フローが短い」とは、時間にして5分程度で、パソコンの操作が20クリック以内を目安にするとよいでしょう。また、プロジェクトの初期では長い業務フローで行われているもの、途中でいくつかのパターンに分かれるものなどは避けたほうが賢明です。

そして「現場で嫌気がさしている業務」かどうかをチェックします。RPAは業務を行う現場の協力なしではうまくいきません。現場が嫌がっている業務の自動化は、協力が得られやすく成功したときの評価もされやすいものです。

▶ **RPAに適した業務のチェック表** 図表41-2

RPA の得意分野

	①業務フローが短い	②処理が分岐しない	③現場が嫌がっている
業務A	×	○	○
業務B	○	×	○
業務C	○	○	×
業務D	○	○	○

優先順位 高　業務Dがベストだが、業務BやCもまだ検討の余地がある

変更が少なく、シビアなセキュリティ要件がない業務

最後はRPAに不向きでないかをチェックします（図表41-3）。レッスン12などで解説したように、RPAはデザインや変更の多い画面が苦手です。また、作業フローに変更が多い業務はロボットの修正も必要になるためおすすめできません。最後に「クリティカルな問題が発生しない」かどうかです。これもレッスン13で説明しましたが、RPAに慣れていない初期から、エラーによりシビアな結果をもたらしかねない業務をRPAに任せるのはおすすめできません。

▶ **RPAに不向きな業務のチェック表** 図表41-3

	デザインが複雑な画面	変更が多い業務・画面	セキュリティが厳しい	重大な業務
業務A	○	×	×	×
業務B	×	○	×	×
業務C	×	×	○	×
業務D	×	×	×	×

RPA の苦手分野

優先順位 高

もし、この項目で○がつく（不向きである）場合は初期の業務から外す。このように3段階の絞り込みを経て 図表41-3 では業務Dが優先順位の高い業務となる。業務BやCもこの項目で○がつかない場合は自動化の範囲に加えてもよい

Lesson

［環境構築］

42 RPAの選定と環境の構築

このレッスンの
ポイント

業務が定まったら、実際に**RPA**を導入していきます。このレッスンでは、サーバーやパソコンなどの**RPAに必要な環境**について解説します。**RPA**のタイプごとに説明するので、業務環境と照らしながら確認していきましょう。

● デスクトップ型RPAを選定する場合

RPA化したい作業が、デスクトップや社内ファイルサーバー上で完結する場合は、デスクトップ型（クライアント型）RPAを使います。このタイプはパソコン単位でRPAをインストールするため、同時並行的にRPAで行いたい作業がある場合、複数台のパソコンが必要になります。前述のとおり、処理速度はマシンスペックによって影響されます。また、大量のファイル作成を行う処理の場合は、ストレージ容量についても余裕を持たせておく必要があります。デスクトップ型RPAは社外との接続を前提としないものが多く、インストールするパソコン自体のセキュリティを確保すれば安全性が高いタイプといえます。

まずは興味のある製品のWebサイトを訪れて、動作環境をチェックしてみましょう。

▶ 製品の動作環境 図表42-1

RPA製品のWebサイトにアクセスして動作環境をチェックする。画像はWinActorの動作環境ページ
http://www.ntt-at.co.jp/product/winactor/#Requirements

● クラウド型RPAを選定する場合

Webサイトで情報を収集したり、データを入力したりといったWebブラウザ上で行う作業を自動化する場合、クラウド型RPAが有力な選択肢となります。

パソコンや社内サーバーに特段の準備は不要です。クラウド型RPAは外部ネット環境にアクセスするので、セキュリティポリシー上、外部ネットへの接続が可能かどうか確認します。また、社内システムの利用を想定する場合は外部からのアクセスを許可できるよう情報システム部門との調整が必要です。

たくさんのロボットを同時に実行する場合、従量制のクラウド型RPAでは、思いのほか高額になることもあります。

● オンプレミス型RPAを選定する場合

オンプレミス型RPAは、Linuxサーバーなどにインストールします。そのためRPAが稼動するサーバー環境の構築が必要です。インストールするRPAソフトウェアの要求するサーバースペックを、情報システム部門などと共有して揃えておきましょう。オンプレミス型RPAの場合、複数のロボットを同時に稼動させることが想定されるので、十分なスペックやストレージ容量を確保しておくことをおすすめします。また、外部ネットワークへのアクセスや、クライアントのパソコン側へアクセスするものがあり、情報システム担当者とセキュリティポリシーとの調整を行っておく必要があります。

オンプレミス型RPAはサーバーの環境構築から行うため、稼働まで時間と費用がかかります。そのため、RPAの作業が少ない場合、費用対効果が合わない場合があります。また、オンプレミス型RPAは汎用的なだけに機能が多く、現場が作成するには難易度が高い傾向にあるので注意が必要です。

> どのサービスでも必ず環境構築は必要になるので、準備段階から情報システム担当者とは密接に連携しておきましょう。

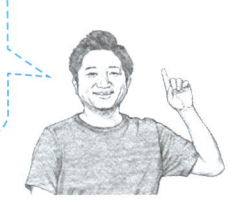

43 RPAベンダーを選定し キックオフする

このレッスンの
ポイント

RPAを導入するには、これまでも説明したようにRPA製品ベンダーや代理店などに依頼する必要があります。ある程度具体的な設計ができあがったタイミングで、ベンダーに対して<u>オリエンテーション</u>を行い選定の材料を得ます。

● 導入計画のオリエンテーションをする

導入を想定しているRPAベンダーに対して、導入計画をオリエンテーションします。オリエンテーションの目的は、想定している業務内容を伝え、それに対するソリューションをRPAベンダーから提案してもらうことにあります。

この段階では、すでに利用したいRPAサービスが固まっているかもしれません。

それでも複数のRPAベンダーに声を掛けることをおすすめします。RPAサービスの多くは、どのRPAベンダーも取り扱えることが多く、RPAベンダーの技量や相性のほうがプロジェクトの成否を分ける要因として大きいからです。オリエンテーションを行う前に 図表43-1 のような準備をしましょう。

▶ オリエンテーションの事前準備 図表43-1

① 候補となる RPA ベンダーをリストアップする
　※ サービスにこだわり過ぎず代理店やコンサルなども含める

② 導入計画書、機密保持契約書を準備する

③ 候補となる RPA ベンダー 4~5 社に声を掛ける

現在は RPA の引き合いが多いため、受けてもらえない場合も多いようです。

● オリエンテーションの流れ

準備を万全に整えてオリエンテーションの当日を迎えます。当日と終わった後の流れを 図表43-2 にまとめたので参考にしてください。オリエンテーションを行う場合、社内業務を社外の人間と共有することになるため、必ず機密保持契約を締結しましょう。オリエンテーションでは、導入計画をRPAベンダーに説明し、ビジョンを共有します。相手は専門家なので、

実現したい内容を遠慮なく伝えましょう。逆にRPAベンダーからの質問にきちんと答えることも、プロジェクトの成功には欠かせません。

通常、RPAベンダーはオリエンテーションの結果を持ち帰り、後日改めてソリューションを提案します。その内容をもとにプロジェクトメンバーでRPAベンダーを選定しましょう。

▶ オリエンテーションの流れ 図表43-2

導入計画説明	機密保持の同意を取って、導入計画の説明

質疑応答	導入計画に対するRPAベンダーからのフィードバックを受け、不明点などを質問

オリエン内容確認	オリエンテーションで出された要望や意見のとりまとめ

オリエンテーション当日

RPAベンダーから提案書	オリエンテーションの内容をもとにRPAベンダーから提案・見積など

RPAベンダーの決定	RPAベンダーからの提案や見積を検討して、依頼先を決定

オリエンテーション後

> 導入計画を共有せずに手のうちを隠したりする話も聞きますが、目隠しをした状態でよい提案をしろというのは無理な相談です。RPAベンダーもチームの一員として働いてもらうことになります。本当にできるのかどうかをしっかり考えてもらうためにも、導入計画は共有しておくのがおすすめです。

● オリエンテーション後の評価

オリエンテーションを受けた提案書を受け取った後は、図表43-3 のようなRPAベンダー比較表を作成しましょう。これがあると合理的にRPAベンダーを選ぶ軸になるうえ発注を決定した際の社内稟議の資料にもなります。

RPAベンダー比較表はWebにたくさんのひな型があるのでそれを参考にしてもよいですが、自社が重視するポイントを評価軸に加えておきたいものです。導入計画をクリアしているかどうかはもちろんですが、たとえばセキュリティをどの程度重視するのかによって、ISMSを取得し

ているかどうかを加えたり、導入実績に同業他社があるかなどが挙げられます。導入計画をRPAベンダーと共有しておけば、彼らは計画に即した提案をしてくれます。さらに一般的な比較表ではなく自社に即した比較表を作成しておけば、具体的に自社に適しているか評価したうえでRPAベンダーを選ぶことができます。

RPAベンダーの選定が終わったら、稟議に導入計画とベンダー比較表を添付して承認をもらって発注です。すでに導入計画の承認を受けている状態ですから、問題なく発注まで進められることでしょう。

▶ RPAベンダー比較表の例 図表43-3

項目例	A社	B社	C社
導入計画を理解しているか	○	×	○
導入計画に対して改善提案があるか	○	×	○
課題一覧に提案ができるか	○	○	×
QA に対して誠実に回答できるか	○	○	○
対応できる体制があるか	○	○	○
実績はあるか	○	○	○
イニシャルコストは合うか	×	○	×
納期感は合うか	×	×	○
社風に合いそうか	○	○	○
ISMS、P マークなどはあるか	○	○	×

すべてを満たす必要はないが、自社の優先順位の高い項目で判断する

巻き込み型チームキックオフを開催しよう

RPAベンダーが決定したら、現場のメンバーも集めてキックオフを行いましょう。プロジェクトのメインメンバーだけでなく、情報システム部門、現場担当となる社員や、プロジェクト担当部門の役員、RPAベンダー企業の担当者を範囲とすることをおすすめします（図表43-4）。

キックオフでは、改めて導入計画の説明、各メンバーの紹介、初期のイベント日程の設定をプロジェクトリーダーから行います。各メンバーの紹介時には「〇〇を期待して参加してもらいました、〇〇さんです」というように期待を明確に伝え、チーム全体に対して役割をコミットしてもらう機会にしましょう。

▶ **関係者を巻き込みながら導入を進める** 図表43-4

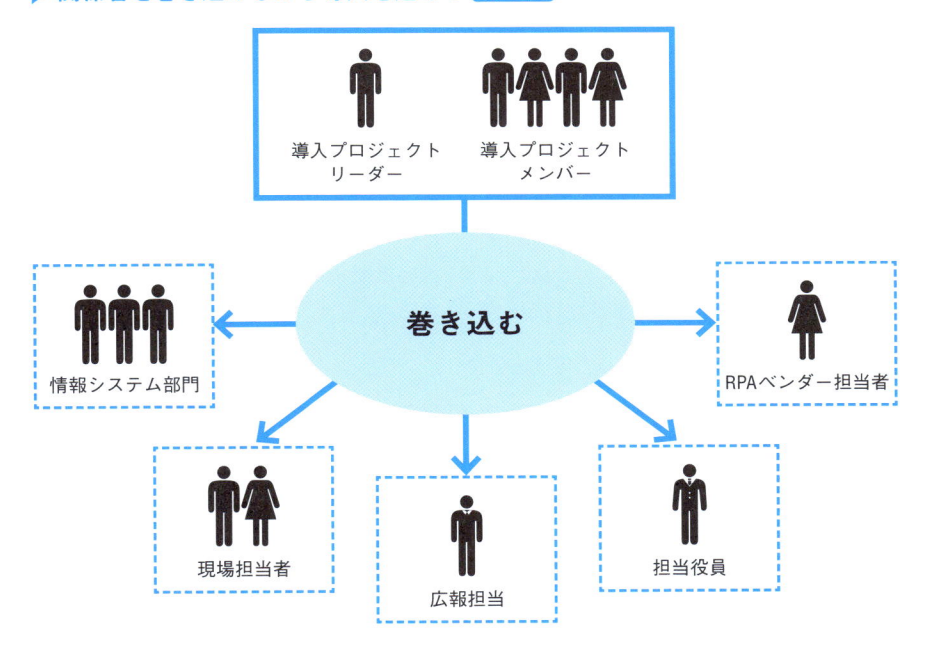

導入プロジェクトメンバーと重複してもよい。このあとのフェーズでは現場の協力が欠かせないので、その観点でビジョンを共有しておきたいメンバーに声をかける

より巻き込み度を大きくするためにも可能であれば、社内広報を担当するメンバーなどにも参加してもらいキックオフの内容を取材し社内広報をしてもらうのもよい考えです。

RPAをインストールする

このレッスンの
ポイント

RPAを利用するにはインストールが必要です。多くの場合はRPAベンダーの担当者が行いますが、<u>基本的な作業内容と必要なリソース</u>を確認しておきましょう。具体的な手順はRPAによって異なるため、ここでは要点のみ解説します。

⬤ RPA実行環境の準備は念入りに

まずRPAのインストールに必要な物的リソースをリストアップします。そのうえでサーバーやパソコンといったRPAを動かすインフラが社内の既存リソースで構築できるのか、新たに購入するのかといった判断を情報システム部門の担当者に

も確認します。推奨されるパソコンやサーバーのスペックを満たすかどうかは、図表44-1 のようなチェックリストを作っておくと便利です。RPAベンダー企業の担当者がチーム内にいる場合は、リストを用意してもらいましょう。

▶ スペックのチェックリスト 図表44-1

	推奨要件	導入予定PCスペック	可否
OS	Windows 7 SP1以降	Windows 10	○
CPU	2.5GHz以上のx86プロセッサ	Core i5 2.4GHz	×
ストレージ空き容量	3.0GB以上	247GB	○
実装メモリ（RAM）	2.0GB以上	8.00GB	○
ディスプレイ解像度	1024×768以上	1920×1080	○

RPA製品やサービスごとに動作の推奨要件があるので、推奨要件に対して自社のインストール予定のパソコンのスペックがどうなのかをチェックする

⭕ RPAのインストール

RPAは、タイプによって利用開始の手順が異なります（**図表44-2**）。デスクトップ型RPAはRPAベンダーからライセンスを購入します。RPAベンダーが指定する方法でソフトウェアをパソコンごとにダウンロード＆インストールします。ほかのソフトと同じように起動し、IDなどの認証後に利用できるようになります。

オンプレミス型RPAでは、デスクトップ型RPAと同じようにダウンロードして導入しますが、インストール先はサーバーマシンとなります。サーバーへのインストール作業は通常、RPAベンダー担当者と情報システム部門とで行います。インストールが完了したら、利用者へRPAへのアクセス権限を付与して利用します。

▶ **デスクトップ型RPAのインストール** 図表44-2

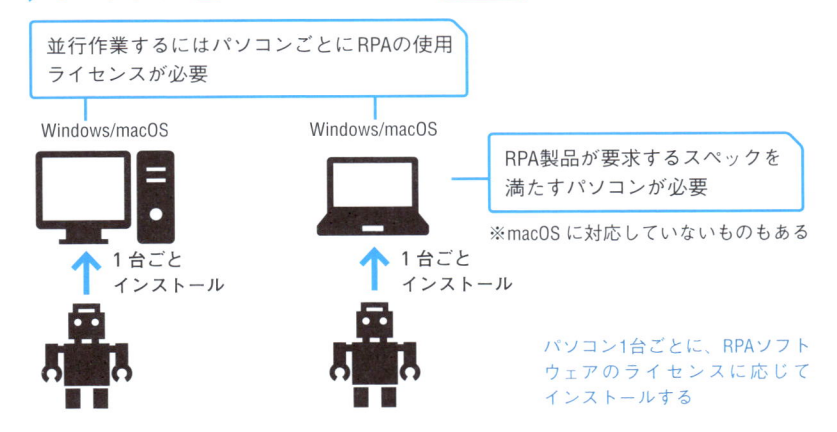

並行作業するにはパソコンごとにRPAの使用ライセンスが必要

Windows/macOS　　　Windows/macOS

RPA製品が要求するスペックを満たすパソコンが必要

※macOS に対応していないものもある

1台ごとインストール　　1台ごとインストール

パソコン1台ごとに、RPAソフトウェアのライセンスに応じてインストールする

▶ **オンプレミス型RPAのインストール** 図表44-3

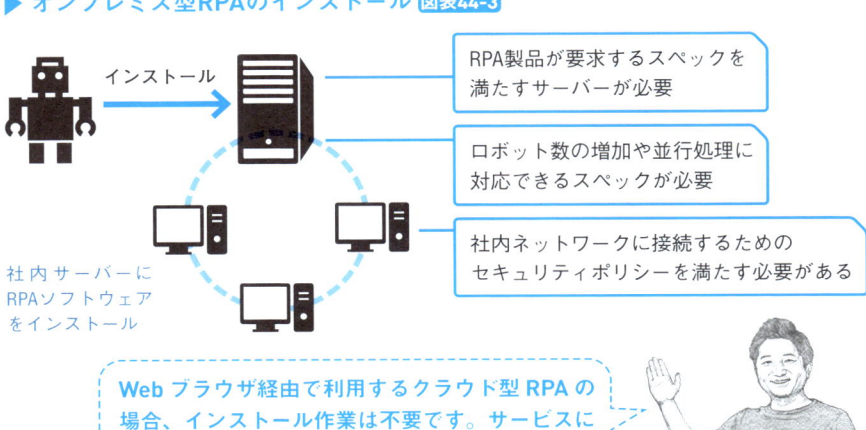

インストール

RPA製品が要求するスペックを満たすサーバーが必要

ロボット数の増加や並行処理に対応できるスペックが必要

社内サーバーにRPAソフトウェアをインストール

社内ネットワークに接続するためのセキュリティポリシーを満たす必要がある

Web ブラウザ経由で利用するクラウド型 RPA の場合、インストール作業は不要です。サービスにサインアップし、ログインすれば利用できます。

Lesson [RPAトレーニング]
45
RPAのUIや操作方法に慣れることからはじめよう

このレッスンの
ポイント

RPAのユーザーインターフェイス（利用画面）は慣れない
ユーザーには難しく見えるかもしれません。<u>導入の初期は、
まず画面の見方や基本操作に慣れることを優先</u>したほうが
後々の展開で有利になるでしょう。

○ プロジェクトメンバーからトレーニングする

RPAの実行環境が整ったら、まず<u>プロジェクトメンバーのトレーニング</u>を行います。トレーニングといっても、基本的な使い方や機能を覚えるイメージなので難しく考える必要はありません。RPAベンダーの多くは無料の研修プログラムや勉強会を用意しているので、そういった機会をうまく利用するとよいでしょう。また、RPAによってユーザーコミュニティー（レッスン54）やチュートリアルサイトを用意している場合もあります（ 図表45-1 ）。

▶ チュートリアルサイトの例 図表45-1

第4章で紹介しているBizteX cobitのチュートリアルページ
https://docs.biztex.co.jp/cobit-docs/index.html

現場スタッフをトレーニングする

現場で展開する段階では、プロジェクトメンバー以外のスタッフにRPAを利用してもらったり、説明会を開催する機会も増えてきます。そのたびに外部講師を招くのはスピード面でもコスト面でも効率的とはいえません。プロジェクトメンバーが初期の段階でRPAに慣れていれば、トレーニングの講師を務められるように

なるでしょう。トレーニングの内容は 図表45-2 の例を参考にしてください。RPAベンダーの提供する研修プログラムの修了目安を参考にするか、主要メンバーが簡単なロボットを作成できるようになるまでを目安にトレーニングを進めましょう。

▶ トレーニングのプログラムイメージ 図表45-2

コース	対象者	内容
初級	はじめてRPAを触る社員向け	基本機能の説明と、ニュースを取得するなどの簡単なサンプルシナリオ作成を通じて使い方の理解を図る
実践	基本操作ができた社員向け	実際の職場の業務を講師役がシナリオを作成し、解説。その様子を見て参加者もシナリオを作成してみる

第2回ハンズオンイベント

主要メンバーのトレーニングが完了したら、ハンズオンイベントを開催します。ハンズオンイベントとは、レッスン36でも紹介しましたが商品に触ってみたり、実践したりとより深くサービス体験ができるイベントのことです。

ロボット化する業務の現場担当者を招いて、導入計画を改めて共有し、実際にロボットを作り、動かす様子を見てもらいます。最後に質疑応答や意見交換を行ってイベントは終了です。

時間は1時間程度で構いません。現場社

員にプロジェクトの計画と実際のロボットのイメージを共有し、現場に持ち帰ってもらうことがゴールです。現場の社員は新しいものに対して不安を感じているものです。「噂のデジタルレイバーとは？ RPAに触ってみよう」など気軽に参加できるイベントにするのがポイントです。

ある程度大きな規模の職場であれば、社内広報の担当者にも参加してもらい、ハンズオンの内容を社内で広めてもらうのもよいでしょう。

> 導入計画の段階で現場の懸念事項はクリアできているはずですが、実際に使ってもらうことで、業務効率化を実感してもらうことを目指しましょう。

Lesson 46 ［ロボットの作成］

時間をかけずにロボットを設計し、動かす

**このレッスンの
ポイント**

プロジェクトメンバーのトレーニングが済んだら、現場で
ロボットを作成します。基本的には現場の担当者とプロジ
ェクトメンバーによる<u>ペアプログラミング</u>で作成していき
ます。ここでは、ロボット作成の成功パターンを紹介します。

○ ロボットは現場で設計しその場で作る

RPAロボットの作成は、現場に赴いたRPA
プロジェクトチームが業務内容（作業手
順）をヒアリングしながらその場で行い
ます。この「その場で作る」というのが
ポイントで、ロボット開発と現場が別々

にならないようにしましょう（**図表46-1**）。
実際にロボットを作成する手順は、第4
章を参考にしてください。まずここでは、
作成するにあたってのノウハウを解説し
ます。

▶ 現場で設計・開発を行う **図表46-1**

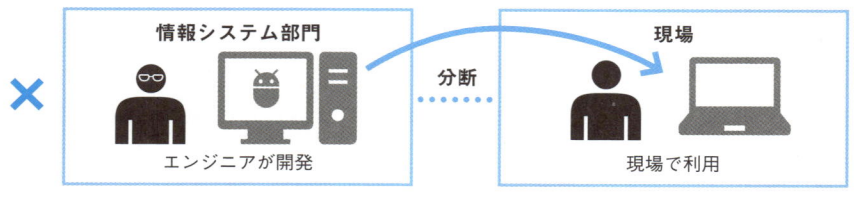

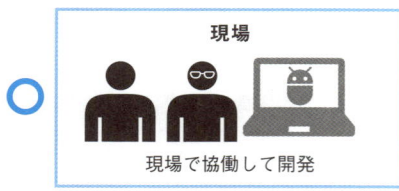

RPAプロジェクトの費用対効果が合わない原因の1つは、ロボットの設計と作成を分断されてしまい、
1つのロボットを作成する時間と人的コストがかさんでしまうことにある

○「ペアプログラミング」で作る

「ペアプログラミング」とは、2人のプログラマが1台のパソコンで一緒にソフトウェア開発を行う方法です。RPAロボットの作成では、現場の業務担当者とロボット開発担当者がペアになり、同じ画面を見ながらロボットを作成していきます（**図表46-2**）。

最初はロボット開発担当者がメイン操作を担当し、隣で現場の業務担当者が指示を出していきます。業務担当者は操作の様子を見ながら、RPA画面の操作を覚えてみましょう。

まずはRPA化する業務候補から3つ程度選んでロボット化を試みます。1ロボット作成できたら役割を交代し、現場担当がロボット作成を行い、ロボット作成担当がアドバイスをしていきます。こうして徐々に現場にロボット作成のノウハウを移していきます。

候補を3つ選定するのは、ロボット化できない業務があるからです。候補が3つあれば1つはロボットが作成できるはずです。3候補くらいずつを目安にロボット作成ペアプログラミングの日程を組んでいきましょう。

▶ ペアプログラミング→現場習熟モデル 図表46-2

初期は熟練者と初心者のペアで
ロボットを作成

1人で作れるようになったら
現場で作る

ロボット開発担当者（プロジェクトメンバーのオペレーターなど）が現場の担当者とともにロボットを作成する。ある程度操作を覚えてもらい、移行は現場で作成できるようにする

👍 ワンポイント　現場にノウハウを移すときの注意点

このように、現場にロボット作成ノウハウを移すことは、RPAで成果を出すためにぜひ取り組みたいことです。しかし、レッスン18でも説明したように、現場に任せきりにした場合は「野良RPA」に注意しなければなりません。野良RPAを防ぐには、中央管理ができるRPAを選び、システム開発でよくある「変更の申請」と「承認」を通じて開発を管理するワークフローを整備するのがベストです。ただし、管理が煩雑になりやすいので、通常は簡易的に誰が何をRPAにやらせているかをExcelやロボットのダッシュボードなどで管理します。状況を記載し定期的に担当者に確認して、稼働しているか、使われているかを確認する仕組みを作ることをおすすめします。

47 ［テストの実施］ ロボットのテストと本番運用

**このレッスンの
ポイント**

ロボットが作成できたら、テストとして実際の作業をやらせましょう。テストでは、意図通りに動作するかどうかのチェックに加えて、人間が行ったときに比べてどれだけ効率が上がるかについてもチェックしましょう。

● 本番、その前に必ずテストラン

ロボットが作成できたら、試験的に実際の業務をやらせてみましょう。このとき、図表47-1 のようにロボットによる業務と併せて人間も同じ業務を行うことがポイントです。並行して作業することで、ロボットがミスしても人間がカバーできます。テストとはいえ、実際の業務をやらせるので、エラーが起こったときのフォローができるようにしておくのです。また並行作業によって、作業時間とアウトプットの品質について人間の場合と比較もできます。

ロボット化の工数削減効果が把握でき、人手によって発生していたミスの修正コストなどもわかるようになります。

👍ワンポイント　並走は同じタイミングで行う

ロボットには人間がそのつど命令を出して実行するものと、夜間などあらかじめセットしたタイミングで自動的に実行するものがあります。実行する時刻によって処理内容に何らかの影響が

ある可能性もあるため（たとえばネットワーク負荷の差異など）、テストランにおいては、同じタイミングで並走して動作を確認します。

● 本番稼動スタート、初週は現場を回ってみましょう

テストが終わったら本番稼働をはじめます。プロジェクトチームはもちろん上司など関係者に一報を入れて情報をエスカレーションしておきます。情報共有の体制を整えておくと、いわゆる「見える化」にもなるし、RPAプロジェクト自体を気にかけてもらえるようになります。

そしてロボットが動きはじめた最初の1週間程度は、プロジェクトリーダーは稼動している現場をよく見てまわりましょう（**図表47-2**）。現場を巡回しながら、稼働の結果の所感をヒアリングします。業務が完了しているか、改善点はないかを中心に会話を進めていけばトラブルの発見と今後の改善、成果の計測の準備ができます。

▶ テストランのイメージ 図表47-1

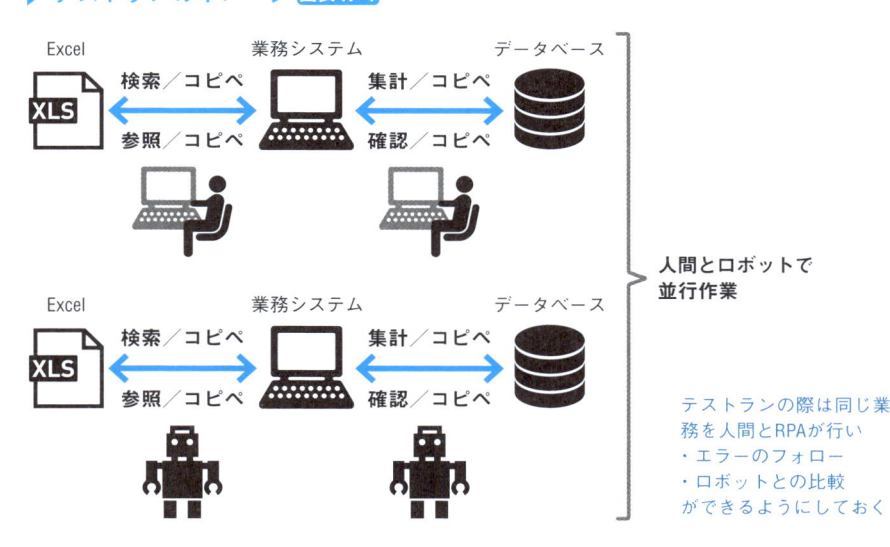

人間とロボットで並行作業

テストランの際は同じ業務を人間とRPAが行い
・エラーのフォロー
・ロボットとの比較
ができるようにしておく

▶ 本番稼動初週のスケジュール 図表47-2

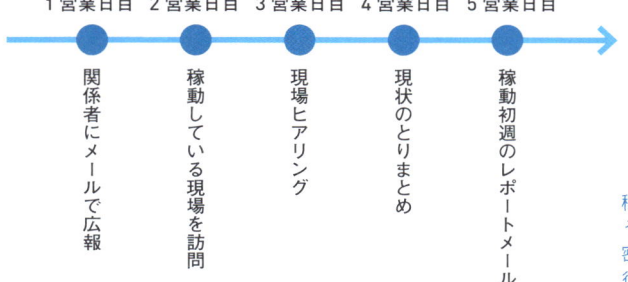

1営業日目　2営業日目　3営業日目　4営業日目　5営業日目

関係者にメールで広報　｜　稼動している現場を訪問　｜　現場ヒアリング　｜　現状のとりまとめ　｜　稼動初週のレポートメール

稼働後は定期に報告などを行うが、最初の週については綿密に現場のチェックと報告を行う

48

[トラブルシューティング]

RPAロボットのトラブルを想定する

**このレッスンの
ポイント**

> このレッスンでは、稼働中に起こりうるトラブルを紹介します。トラブルの多くは環境の変化や入力データによるものですが、これがわかっていないと、RPA自体の問題と思われて、プロジェクトがとん挫してしまケースもあります。

● 業務内容が変更したケース

たとえば業務フローが変更した場合、再度ロボットを作り直す必要があるでしょう。その業務の決裁担当者が替わる程度であれば軽微な修正で済みますが、システム自体を入れ替える場合などは、そもそもロボットが必要かという部分から検討しなければならないでしょう。

▶ トラブルの例と対策 図表48-1

タイプ	例	解決担当者	対応
表示速度エラー	処理が終わっていないのに次のページに移動してしまう	現場	タイムアウト（処理待ち）時間を長くする
画面変更	ExcelやWebサイトの仕様が変わったり、ポップアップでロボットが停止する	現場	ロボット作成画面で止まっている箇所を修正する
業務フロー変更	業務の流れが変わり、ロボットが正しく動かない	現場	ロボットを作成しなおす
データ不正	入力データが正しくなく、業務システム側で入力エラー	現場	ロボットに入力させているデータを確認し、修正する
Webブラウザなどネット環境変更	Webブラウザの仕様などが変わり、ロボットが止まる	情報システム部門／ベンダー	画面上の変更であれば現場で修正、それ以外の大幅変更はベンダー確認
サーバーエラー	サーバーエラーが出てロボットが動かない	情報システム部門／ベンダー	オンプレ型ならば情報システム部門、クラウド型ならばベンダー確認
セキュリティエラー	セキュリティなどに引っかかってロボットが稼動しない	情報システム部門／ベンダー	オンプレ型ならば情報システム部門、クラウド型ならばベンダー確認
それ以外	ロボットが予期せぬ動きをする	ベンダー	ベンダーに連絡

● ロボットが意図と異なる動作をするケース

まず挙げられるトラブルは、ロボットが狙い通りに動かないケースです。たとえば設定したと思っている動きとまったく違う動きをする、明らかにおかしなデータを間違った宛先に送っている、というような場合です。大幅に画面のデザインや配置が変わった可能性や、ロボット自体のトラブルが想定されます。ロボットを急ぎ停止し、原因が特定できない場合はRPAベンダーに連絡して調査する必要があります。

● エラーが発生して動作がストップするケース

RPAを動かしていると、エラーで動作が止まってしまうこともあります。たとえば、ある画面上の処理が終わっていないのにロボットが次の画面に移動してしまう場合などでエラーが発生します。これは次の画面描画が終わらないうちにロボットが処理をはじめてしまうことが原因です。

またWebブラウザのバージョンアップや作業先のWebサイトの変更などで画面のボタン配置が変わり、ロボットが作業できなくなってしまうこともあります。トラブル内容と対処法を事前に把握しておきましょう（**図表48-1**）。

● 業務は正しく行われるが、手直しが必要なケース

このほかにも、たとえばデータに全角文字と半角文字が混ざっている場合に、全角文字だけが結果に反映されないことがあります。このケースは、適切なデータであれば正しく動作するため、例外的なデータが紛れていた場合にどうするか、という設計（例外対応）をする必要があります。詳しくは次のレッスン49で解説します。

また、動作は正しく行われるが途中で止まるケースもあります。これは業務フローまたは業務システムが原因であるケースがほとんどです。たとえば業務フローが人間に最適化されていて、ロボットが行うには複雑すぎる場合や、業務システムの画面が複雑すぎる場合などです（レッスン50で解説）。この場合は業務フローを分割するか、シンプルにすることが対応策になります。ただし、システムの修正は簡易な画面回収レベルであれば行うべきですが根本の機能を改修する必要が出てくる場合は、システムそのものの課題であることがあるので、別途判断が必要になります。

> テストが終わって本番稼働中にこれらのトラブルが起こる可能性もありますが、慌てずに対応しましょう。

[データ処理]

49 ロボットに適した データを作る

**このレッスンの
ポイント**

テストで問題なく動作したとしても、いざ本番で多くのデータを処理しようとするとエラーが発生する場合があります。このレッスンでは、ロボットが扱うデータをどのように準備すべきかを解説します。

⭕ 例外対応の設計を行う

例外対応はデータの入ってくる形（インプット）と出す先（アウトプット）がロボットに適していないため起こります（レッスン18で解説）。

たとえば、人間が手動で入力したExcelからRPAがデータを取得する場合、図表49-1

のように全角と半角の英数字が混ざっている場合があります。その状態でロボットに業務システムへの転記作業を行わせると、画面側には半角しか受け入れない入力制限があってエラーを起こすことがあります。

▶ **エラーが起こる原因の例** 図表49-1

データのインプット　　　　　　　**データのアウトプット**

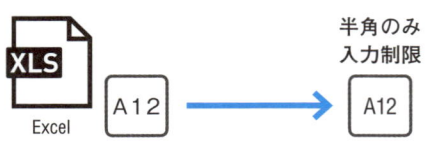

半角のみ
入力制限

業務システム

アウトプット（出力先）は半角文字しか受けつけない設計になっているのに、インプット（取得元）のデータが全角文字で入力されている場合、アウトプット側にデータを渡せずにエラーが発生する

RPAベンダーなどに聞けば、業務内容ごとに発生しがちな例外パターンを事前に挙げてくれるかもしれません。できるだけ事前に例外対応を行っておきましょう。

ロボットに適したデータを作る

このような場合、ロボットが作業しやすいデータに直すことで、人間による修正の手間を減らし自動化の割合をさらに上げることができます（**図表49-2**）。インプット側では、入力側のExcelに入力規制を設定して、半角英数字しか受けつけないようにしてしまうのが最も低コストで済む対策です。アウトプット側で修正する場合は、ボタン、ポップアップやリスト形式の選択肢を減らすなどの簡易な画面改修レベルに留めます。機能やデータの仕様を変更する必要が出てくる場合はアウトプット側の修正は避けたほうが賢明です。

まずは、データのインプットの形を整えていくことが工数を掛けず、成果を拡大するポイントとなるでしょう。

▶ データのイン／アウトの改善例 図表49-2

インプット側の修正

改善前

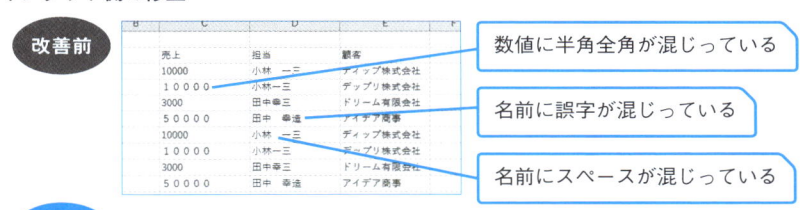

- 数値に半角全角が混じっている
- 名前に誤字が混じっている
- 名前にスペースが混じっている

改善後　数字の入力規則　　　　　リストの入力規則

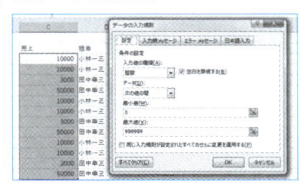 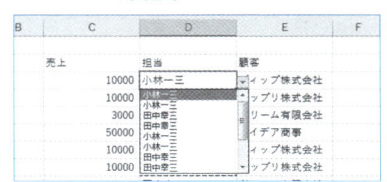

人間がExcelに入力する時点で制限をかけることで、アウトプット側に合ったデータを作成できる

アウトプット側の修正

 ロボットが選べない形式になっている

改善後　ドロップダウンデザインの削除

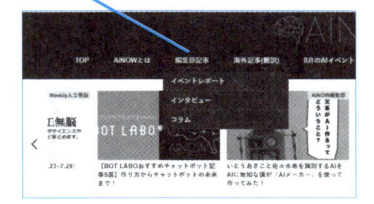 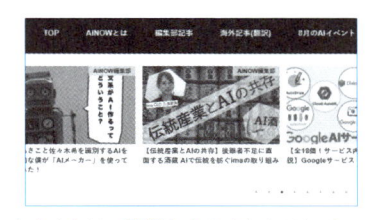

Webサイトでは、ドロップダウンデザインをやめたり、階層を少なくしたりしてロボットが扱いやすいデザインに変更する

Lesson [フローの整理]

50 業務フローを整理して さらに効果を上げる

**このレッスンの
ポイント**

RPAに慣れて、少しずつ複雑な業務にも適用していくとき
にぶつかる問題があります。それは「途中までロボットで
できるが、最後までロボット化できない」という問題です。
業務フローを集約することで解決の糸口が見えるでしょう。

● 業務を単線化する

事業の規模が一定以上の場合に起こりやすい問題として、「業務の複線化」があります（図表50-1）。たとえば請求業務など普通は共通フローで管理できるものを、営業部と制作部それぞれが独自形式で管理している場合、別々のフローが発生している状態となります。これを「業務の複線化」といいます。フローが異なると、その過程でできあがるデータもばらばらです。たとえばレッスン49のような全角や半角が入り混じったデータなどが生成されるケースです。こういった場合、ロボットが停止しやすい環境となります。最終的にそれらの請求処理を行う経理部門でひとまとめにしますが、この作業は人間でないと難しいでしょう。

▶ 複線化した業務 図表50-1

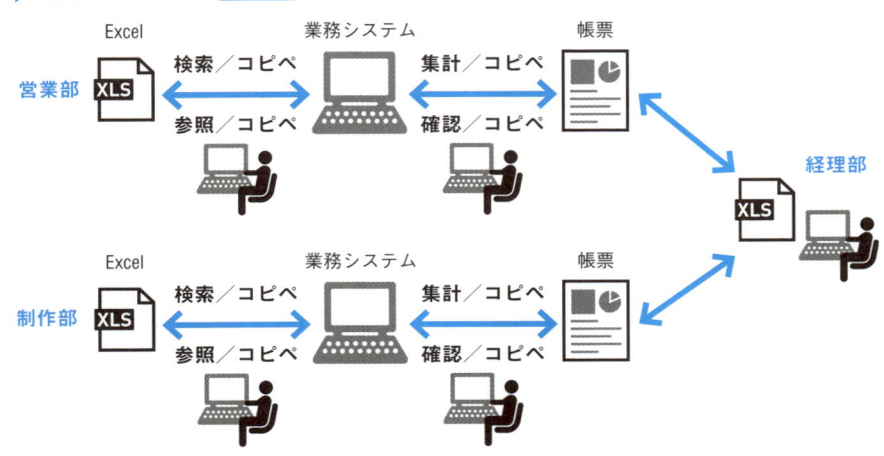

単線化した業務にロボットを組み合わせる

複線化されている場合、部門ごとにデータが生成される過程を統一すれば解決します。しかし慣れ親しんだ業務フローを変更するのは抵抗があり、コストもかかるでしょう。その場合は、各部門が取得する前の元データをロボットによって取得し、すべてのデータを1か所にまとめるのが最も手っ取り早い対策です。つまり、各部門で利用するデータを集約するのです。データが一か所にまとまったら、そこから各部門が利用する帳票を発行するロボットを作成します。人間はその出て

きた帳票をチェックし、修正したうえで利用すればよいのです。このように、フローを統一することを「業務の単線化」といいます（**図表50-2**）。

本来データベースの集約は、システム開発や業務フローの改善で行うべき課題ですが、それには大きなコストがかかります。そこにRPAを活用する意味が見いだせます。データベースの集約システム開発にかかるコストと比較すれば、多少の業務フロー変更が伴っても投資対効果が見合うパターンといえるでしょう。

▶ **単線化によってロボット化が可能になる** 図表50-2

👍 **ワンポイント ツールの組み合わせでさらに大きな成果を生む**

RPAが稼動している業務の改善が進んできたら、さらに組み合わせのオプションを検討してみましょう。たとえば売上集計のロボットが稼動している場合、個社ごとの売上データは、手書きの申込書を人間が入力してデータを作成しています。この手間は、OCR（Optical Character Recognition/Reader）で紙をスキャンしてデジタルデータ化することで解決します。売上集計のロボットを動かす前段階の作業もロボット化するわけです。人間は、OCR機器で紙をスキャンするだけで、売上データが集計

できるようになります。

また、集計した後の工程で人間がExcelで分析しレポートを作成しているとします。この作業は分析用の帳票を作成するマクロを作成し、データが集計された時点でロボットにボタンを押させることを試してもよいでしょう。人間は帳票を受け取ってチェックするだけで売上分析ができるようになります。

このように、すでにRPA化された業務の前後に注目していくと、大きな工数を掛けずとも、さらに自動化の範囲を拡大できるようになります。

⏺ COLUMN

30分でできるマニュアルの作り方

RPA化しやすい業務として「マニュアル」が存在していることを条件に挙げました。業務マニュアルというと、細かなフローチャートのようなものをイメージするかもしれませんが、RPAのロボットを作成するためのマニュアル作りは難しく考える必要はありません。最低限、パソコンの操作手順がわかる程度のマニュアルを作ればよいのです。

筆者は、大きく分けて次の3ステップでマニュアルを作成しています。①まず実際に操作して一連の流れを動画で撮ります。②その動画を再生して、1つの操作ごとに一時停止してスクリーンショット（静止画）を撮ります。③スクリーンショットをExcelやPowerPointに貼って、そこに説明を書いていきます。

パソコンの画面を録画するソフトは「デスクトップキャプチャツール」などのキーワードで検索するとヒットします。たとえばWindows 10であれば、ScreenToGifというフリーソフトがあります（https://www.screentogif.com/）。また、静止画像であればSnipping Toolという画面キャプチャソフトが標準で搭載されています。Macであれば、標準で搭載されているQuickTime Playerで動

画をキャプチャできます。静止画を撮る場合は ［command］＋［shift］＋［3］キーを同時に押します。

操作の1手順ごと、たとえばボタンをクリックするのであれば、ボタンをクリックする直前の状態で静止画を撮り、それをPowerPointなどに貼りつけて、「○○ボタンをクリックします」のように操作手順を記載していきます。このようにして、通常行っている操作をそのまま記録していくとマニュアルが完成します。なるべく細かく操作を切り取っていくと、誰にでもわかりやすいマニュアルにできます。操作方法を記載するときは、5W1Hを意識しましょう。誰が、いつ、何の目的で、どうやって、ということがわかるようにするのがポイントです。

たとえばRPAの導入シーンでは、遠隔地にいる相手にヒアリングしたり、作業の流れを共有したりするときに、この動画を送れば言葉で説明するよりも伝わりやすいでしょう。また、業務フローの整理など面倒な作業を行わずとも、現場のユーザーが作業画面を録画し、メールなどに簡単な説明を添えて送ればロボットの作成依頼も可能です。

「マニュアルを作ろう」と考えると気が重たくなりますが「まず作業を録画してみよう」となると気が楽になるのでおすすめの手法です。

Chapter

7

RPA運用の
ポイントを知る

ここまで読めば、RPAの導入
も終わり、稼働がはじまって
いることでしょう。この章では、
実際にRPAで成果を出して継
続するためのノウハウを解説
していきます。

Lesson [RPAの運用]

51 RPA導入後は死の谷だらけ ?

このレッスンの
ポイント

RPAは前述のように、ロボットの部下を雇うようなものな**
のです。そのため、ここからいかに部下を育てていくかが
RPAの失敗と成功を分けるポイントです。このレッスンでは、
運用に対する考え方を学びましょう。**

○ ITシステム開発とは異なるRPAの特性

「ITシステムは開発してしまえば終わり」というようなイメージがあるかもしれませんが、実際には運用にも一定のコストがかかります。

特にRPAは、**図表51-1** のように対象にしている業務がITシステムよりも広範にわたることが多く、その分変更が発生する確率が高いといえます。また、RPAは人と一緒に業務を回していく側面もあり、RPAが属人化しないようにする配慮も必要になります。

小さくはじめられるRPAだけに、「運用」「改善」「拡大」とステップアップできれば、大きな成果を生み出す「育成型のRPA」に成長できることでしょう。

▶ ITシステムとRPAの違い 図表51-1

	業務変更への対応力	業務効率の改善効果	属人化リスク	
ITシステム	**低い** （変更の多い業務には不向き）	**小さい** （基幹業務の効率化、導入後の改善には不向き）	**低い** （情報システム部門が一元管理）	➡ **開発コストは高く、運用コストは低い**
RPA	**高い** （臨機応変に作成可能）	**大きい** （基幹業務・個別業務の効率化、導入後も随時改善可能）	**高い** （個別に管理可能）	➡ **開発コストは低く、運用コストは高い**

RPAを運用すると幅広い業務にまで適用したくなる。その場合、RPAで行うべきなのかITシステムを開発すべきなのかの判断が必要になる

RPA運用の全体像

RPAの運用は、図表51-2 にまとめたように3つの段階に分かれます。最初に定常的な運用のチェックと課題検出、改善のフローを構築する「構築期」からはじまります。次に、成果をほかの業務や部署に広げ、ITシステムとして統制する「横展開期」に入ります。そして社内での安定稼働が実現できたら、AIなどの外部システムや取引先システムとの連携、業務システムの開発といったRPAを基盤とした成長を目指す「拡大期」に入っていきます。

▶ **RPAの運用、成長サイクル** 図表51-2

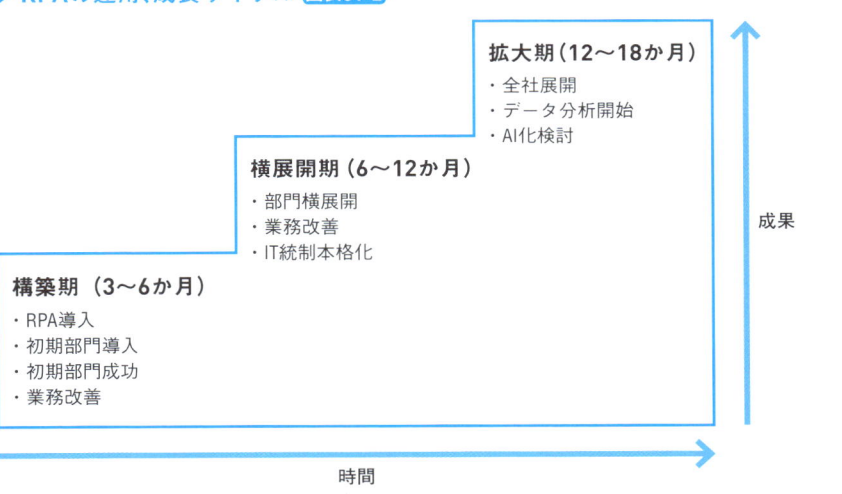

拡大期（12〜18か月）
・全社展開
・データ分析開始
・AI化検討

横展開期（6〜12か月）
・部門横展開
・業務改善
・IT統制本格化

構築期（3〜6か月）
・RPA導入
・初期部門導入
・初期部門成功
・業務改善

成果

時間

RPAの死の谷

まだ運用がはじまったばかりの企業も多いRPAですが、そこにはRPA運用を頓挫させてしまう「死の谷」がたくさん待ち受けています。たとえばレッスン18やレッスン54でも触れますが、構築期では業務や対象サイトの変更に伴う「RPAが動かなくなる問題」が発生します。

横展開期では、業務の横展開がうまく進まない「RPAが広げられない問題」やRPA担当者の異動、退職などに伴う「野良RPA問題」が発生します。

> なぜか RPA 運用の話はあまり語られないのですが、個別の事情が深くかかわり、あえて失敗リスクを提示するような内容を書きにくいのは事実です。本書では特に構築期と横展開期に起きがちな死の谷を中心に対処法をみなさんに共有していきます。

52 [運用開始直後の体制]
RPAの業務をチェックする

**このレッスンの
ポイント**

RPAの運用がはじまって最初に行うのが、<u>RPAのチェック</u>
<u>体制の構築</u>です。RPAは日々定型業務を行ってくれる頼も
しい味方なので、PDCA体制を作って成果を拡大していき
ましょう。

○ RPAが設計通り動いているかチェックする

RPAの運用がはじまると、人間は完全に
その業務から解放されたかのような錯覚
に陥りますが、実際は人間の仕事は残り
ます。たとえばRPAが毎日きちんと業務
を行っているかをチェックしたり、業務
が変更されたときやロボットが停止した
ときにロボットを修正したりする仕事が
あります（**図表52-1**）。

「とても素直な新入社員」を迎え入れて、
仕事を教えた状態だと考えてみてくださ
い。新入社員はいわれた通り仕事を進め
ますが、変化への対応が苦手だったりし
ますよね。そこを伴走しながら修正して
正しく運用するのがRPAを導入したあな
たの仕事になるのです。

▶ **RPAの動作チェック業務** **図表52-1**

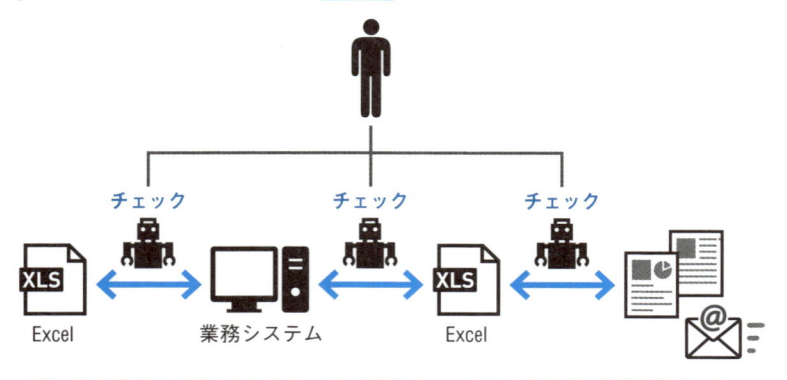

人間は定型業務から解放されるが、RPAの動作チェックや修正などの業務が発生する

◯ RPAの業務報告を業務フローに組み込む

RPAを導入した企業で起きがちなのが、RPA化した業務を、その部門から完全に切り離してしまうことです。いわばロボットだけで構成された独立した部門です。たとえば採用エントリーサイトに登録されたデータからエントリーシートを作成し、一定期間ごとに応募者ごとにフィルタリングして関係者へメール配信する業務をRPAに任せていたとしましょう。ところがいつしかメールが配信されなくなったのに、関係者は応募がないだけだと思っていたら実はエラーが起こって停止していた、というようなトラブルが起こります。

そうならないためには、業務の中にRPAからの報告フローを入れておくことが大切です。もともと人間がやっていた業務であり、その人が行っていた業務報告をRPAに行ってもらいます。多くのRPAにはメール送信機能があるので、業務完了時にメールを送信するように設定し、その宛先をもともと業務を行っていた人にするのがよいでしょう（**図表52-2**）。

受けとった担当者は、業務完了を確認し、異常がある場合はRPAの担当チームや外部パートナーに連絡する体制を作っておきます。

▶ RPAに報告フローを組み込む 図表52-2

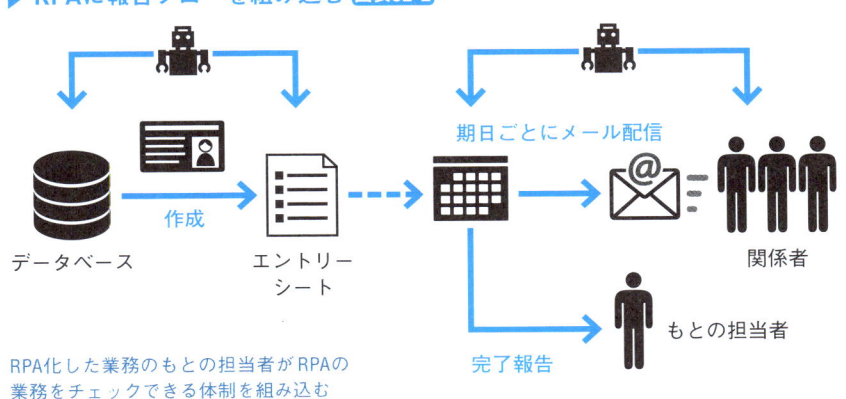

期日ごとにメール配信

作成

データベース　　エントリーシート

関係者

もとの担当者

完了報告

RPA化した業務のもとの担当者がRPAの業務をチェックできる体制を組み込む

筆者が見学させていただいた企業では、社員と同じようにタスク管理票にロボットが登場し、ロボットを担当する責任者がそれぞれ設定されていました。

⬤ RPAの稼動状況をウォッチするカンバン

RPAの稼働状況を定期的にチェックする方法としておすすめなのが、「カンバン方式」です。カンバンでは「作成を予定しているRPA」「稼動しているRPA」「止まっているRPA」を付箋などを使って管理します（図表52-3）。

複数の業務や部門でロボットが作成されはじめると、RPAツールのダッシュボードだけでは管理が難しくなってきます。かといって管理ルールを作るには時期的にも規模的にも早すぎることが多いものです。

カンバンでは1枚のカードを1つのロボットとみなして稼働状況をウォッチし、コストをかけることなく「ロボット作成」「稼働」「トラブルの管理」ができます。カンバン方式にこだわる必要はありませんが、導入前後ですみやかにPDCAの「P」（作成）、「D」（実行）のチェック体制を作っておけば初期のトラブルをキャッチし回避できます。

▶ カンバンとカードを使ったロボットの管理 図表52-3

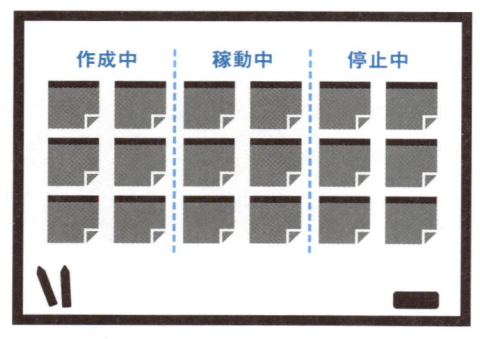

1枚の付箋（カード）が1台のロボットを表すようにして、すべてのロボットをホワイトボードなどに貼りつける。機能が重複したロボットがあれば、片方に集約するといった対応を行う。カードの内容はレッスン53の 図表53-2 を参照

● RPAの改善を定常化するKPT

一定期間RPAを運用すると、課題も出てきます。システム上の課題や運用上の課題などいろいろありますが、すみやかに改善していかなければ業務に支障が出てくることもありえます。そこでおすすめなのが、図表52-4 の「振り返り（KPT）方式」です。これもカンバンと同じようにRPAの担当者や関係者でミーティング形式で行います。

導入初期は1週間に1回程度のペースで行いましょう。「K」(Keep) には運用していてうまくいっていること、成果として出てきていること、現場からの喜びの声などを書きます。そして「P」(Problem) で

は運用して改善したいこと、困っていること、現場からのトラブル報告などを書きます。最後に「T」(Try) ではさらに拡大するためにやりたいこと、改善するためにやるべきアクションを設定します。

KPT方式にこだわる必要はありませんが、現場とともに動くRPAは課題の発生スピードも、求められる改善スピードも速いものです。導入前後ですみやかにPDCAの「C」(確認)、「A」(改善実行) の体制を作っておけば運用と同時にRPAを改善し、自然と拡大にもっていく体制が作りやすくなります。

▶ KPT方式による振り返り 図表52-4

Keep（よかったこと）
・ロボット 20 台のうち 18 台が稼動
・A 事業部では 1 時間程度の時間削減
・業務変更があったが対応できた

Problem（改善点）
・B 事業部のニュースサイト巡回ロボットがサイト変更で停止している
・セキュリティ監査を行い、問題のあるロボットが 2 台見つかった

Try（今後やること）
・今週のよかったことを社内に広報
・B事業部のニュースサイト巡回ロボットを修正対応
・セキュリティ監査NGのロボットを停止させるか、修正するか判断

RPAの効果や課題が共有できると円滑な運用につながる

[導入初期の心構え]
53 ノウハウが失われないようにする

**このレッスンの
ポイント**

ロボットに作業を任せる**RPA**では、自動化を進めることによって人間側から業務を行っているノウハウが失われてしまうことがあります。業務を**RPA**に任せる工程で、<u>業務の見える化</u>をしておく必要があります。

○ 業務は自動化できたが、ノウハウも失われた

業務を外部化することによって、その業務ノウハウが社内から失われてしまうことがあります。たとえば業務の効率化を進めるためにアウトソーシングした結果、社内でその業務がわかる人材が誰もいなくなってしまう状況です（図表53-1）。同じ状況は業務の属人化によっても起こりえます。RPAの導入は、いわばコンピューターによるアウトソーシングです。

RPAを導入した初期であれば、当初決め

た運用ルール――たとえばマニュアル化された業務のみRPAを適用するなど――にもとづいた厳格な運用がなされているのでこういった問題は起こりにくいですが、RPAを社内に広げていくタイミングでは、ルールがゆるくなりがちです。RPAがエラーで停止してしまったときに人間が代役を果たせるような状況を常に維持し続ける必要があります。

▶ **自動化で起こりがちな引き継ぎ問題** 図表53-1

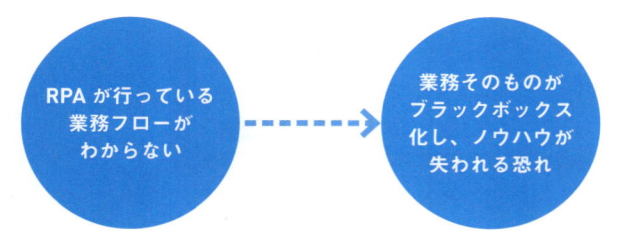

マニュアル化されている業務のみRPA化するというルールの厳格化で防ぐ

⚫ ロボット作成をマニュアル代わりに

レッスン22〜24で紹介したように、ロボットを新規作成する画面では通常そのロボットの説明文を追加できるようになっています（**図表53-2**）。この説明文の欄にロボットの動作手順などを入力しておけば、常にロボットと対にできるので便利です。

記載方式は自由で構いませんが、筆者がおすすめするのは「5W1Hストーリー方式」です。「なぜこの業務が必要か、いつ

やるのか、なにをやるのか、どこ（システム）でやるのか、誰がやっていたのか、どのようにやるのか」を記述するのです。記入欄に収まらない場合は社内Wikiや Excelなどにまとめて共有しておくとよいでしょう。

この方式であれば、仮に業務の変更やシステムの変更があったり、業務を人に戻したいときにもあわてることなく対応を進められます。

▶ 5W1H方式によるロボット業務管理 図表53-2

ロボットの説明欄

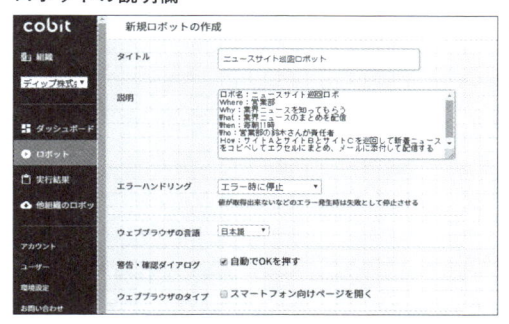

ロボットを作成する画面内にある説明入力欄を活用する。説明入力欄がなくても、Excelなどを使って5W1Hストーリー方式で整理しておく

Excel や社内 Wiki などでロボットの概要をまとめる

ロボ名：	ニュースサイト巡回ロボ	勤怠チェックロボ
Where：	営業部	人事部
Why：	業界ニュースを知ってもらう	勤怠の入力ミスをチェックして知らせる
What：	業界ニュースのまとめを配信	入力ミスをメール配信
When：	毎朝11時	毎週月曜日
Who：	営業部の鈴木さんが責任者	人事部の田中さん
How：	サイトAとサイトBとサイトCを巡回して新着ニュースをコピペしてエクセルにまとめ、メールに添付して配信する	勤怠システムAの入力状況をチェックして、入力されていないユーザーに入力されていないメールを送る

Lesson ［RPAの停止パターン］

54 RPAが停止したときの 対応を知っておく

**このレッスンの
ポイント**

RPAを運用する中で必ずといってよいほど見舞われるトラブルが「ロボットの停止」です。運用の初期のうちに停止によってRPAへの期待がしぼむことがないように、あらかじめよくある原因と対策を把握しておきましょう。

○「ロボットが止まった！どうしよう！」とならないために

ここまでに解説してきたように、RPAを稼働させると、何らかのきっかけでロボットが停止したり、誤作動したりすることがあります。たとえばWebサイトを操作対象にしたロボットは、Webサイトのデザイン変更によって停止することがよくあります。

RPAベンダーや情報システム部門では、RPAのトラブル対応はかなりの頻度で発生しているそうです。導入企業側として

も、RPAが止まるたびに外部にサポートを依頼していては時間もコストもかかりますし、対応している間の業務停止リスクもあります。しかし、サポートの手を借りずとも、わずかな修正を行うだけでロボットが再稼働することもあります。**図表54-1**のようなロボットが停止したときの対応フローを事前に用意して、起きている状況と対応策をあらかじめまとめておくとよいでしょう。

▶ **ロボットのトラブル対応を基準化** **図表54-1**

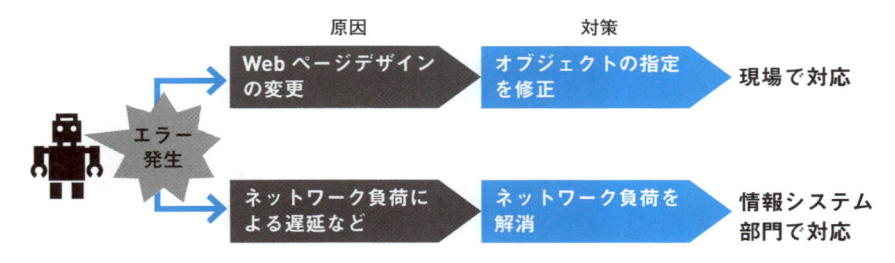

何でも情報システム部門、ベンダーに問い合わせないほうが費用、時間的にもリーズナブル

稼働後のトラブルはユーザーフォーラムを活用する

できるだけ現場でトラブルに対応するために活用できる情報源として、各RPA製品・サービスごとに用意されたユーザーフォーラムがあります（ない場合もあります）。ユーザーフォーラムでは、実際にその製品を使用している人同士でさまざまな情報交換を行っており、中にはトラブルに対する解決策なども提示されています。あくまでユーザー同士のやりとり

なので、問題の解決に直結するかはわかりませんが、検索性や一覧性が高いため、ざっと目を通すだけでも役立つ情報が見つけられるでしょう。

図表54-2 ではWinActorとUiPathのユーザーフォーラムを紹介します。また、レッスン48の 図表48-1 に掲載しているトラブルの例と対策についても改めて確認しておきましょう。

▶ ユーザーフォーラムを活用する 図表54-2

WinActor のユーザーフォーラム

トップページ（https://winactor.com/）から［ユーザーフォーラム］をクリックすると表示される
https://winactor.com/questions/

UiPath のユーザーフォーラム

現時点（2018/9）ではベータ版としての提供だが、活発な意見が交わされている
https://forum.uipath.com/c/japan

[RPAの運用管理]

55 責任の所在を決めておく

**このレッスンの
ポイント**

ロボットの動作エラーとは別に発生しうるのが、**RPAの管
理問題**です。<u>「ロボットの作成は誰がやるのか」</u>「トラブルが
起きたときに誰が責任を取るのか」など、起こりうる問題
を事前に把握してルールを決めておきましょう。

🔵 課題発生、誰が対応する？誰が責任を？

RPAは1人の社員のように業務を行うので、社員が働いているときと同じ問題が発生します。たとえば「研修（ロボット作成）責任」「稼働管理責任」「個人情報流出問題」「離職（業務停止）問題」「IT統制」「労

務コストの負担」などです（**図表55-1**）。
これらの問題に「誰が対応するのか」「どう対応するのか」「誰が責任を持つのか」を決めておく必要があります。

▶ **RPAロボットの問題発生時の責任の所在を決める** **図表55-1**

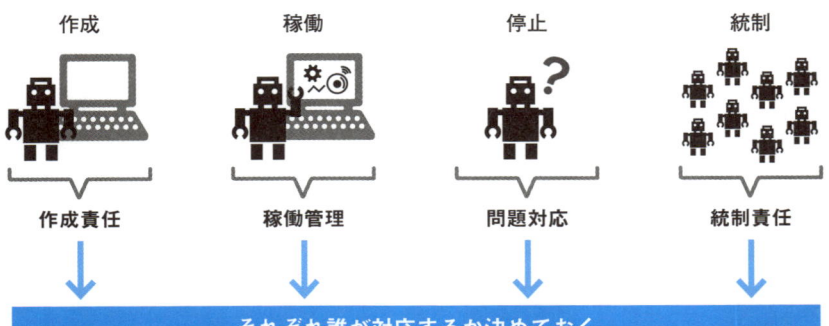

作成　　　　　　稼働　　　　　　停止　　　　　　統制

作成責任　　　稼働管理　　　問題対応　　　統制責任

それぞれ誰が対応するか決めておく

基本的な考え方としては、「ロボットは部下である」といえるので、その現場部門のトップが責任者となる。トラブル報告のエスカレーションの仕組みも整えておこう

現場がロボットの実行責任を持つ

著者の経験からいうと、ロボットの作成と実行結果については現場で責任を持つのがよいでしょう。RPAは小さな業務を多くこなすことで大きな成果が得られるツールです。それには業務を一番よくわかっている現場で作成するのがベストなのです。逆にいえば、現場からロボット作成権限を取り上げてしまうと、ロボットに任せる業務が増えずに、「思ったような成果がでない」ということになります。オンプレミス型RPAの場合は原則として情報システム部門が作成することになりますが、その場合も、現場が主導でロボットを作成できるようなフローを構築おくとよいでしょう。

ロボットに対する責任と、修正作業への対応

ロボットに動作上のトラブルが発生した際は、**図表55-2** に例示した基準によって対応します。「現場で作ったのだから現場で対応しろ」という対立が生まれないように、運用の初期のうちに議論を行っておきましょう。特に情報システム部門にとってのRPAの導入は「余計なコスト」と誤解されがちです。既存のITシステムのメンテナンスやトラブル対応に加えて、個別のロボットの対応までするのは情報システム部門にとって非常に大きな負担となります。

社員研修などの機会を利用して社員のRPAリテラシーを高める、現場で対応できる範囲のロボット作成のみ認める、などの取り決めをしておきましょう。

▶ RPAの責任分担の例 図表55-2

トラブルの状況	責任分担
作成・検証	情報システム部門、現場
OJT	現場
情報資産管理	情報システム部門
情報の取り扱い	現場

「現場はコスト削減できたけどその分情報システム部門のコストがかさんだ」ということにならないようにしましょう。

56 ［効果測定］ 3つの指標で効果を測定する

このレッスンの
ポイント

RPAの成果を社内で共有するためには「効果測定」が欠か
せません。言い方を変えれば、効果測定とその広報は切り
離せないものです。このレッスンでは、RPAならではの効
果測定のしかたを解説します。

○ QCDを指標に効果測定を行う

まず、ロボットが稼動している業務の現場で、業務の成果を計測していきます。自社の生産性を測る指標があればそれを用いますが「残業時間が減った」「人員が減った」というような指標はおすすめできません。残業時間や人員はRPAの効果以外の人事施策や現場マネジメント、繁閑による変数が多く、避けたほうが成果が明確に計測できるからです。

計測するときの指標は生産管理でよく用いられるQCDがおすすめです。QCDとは「Quality」（品質）と「Cost」（コスト）、「Delivery」（納期）のことをいいます。業務を収集した際に用いた表（レッスン33の 図表33-4 ）をもとに、RPA導入前と導入後を比較していきます（ 図表56-1 ）。

効果測定は「速報」と「定期報告」の2つに分けて行います（ 図表56-2 ）。速報は、稼働後1〜2週間後を目安に行います。

▶ **RPAのQCD** 図表56-1

指標	計測時点の前後で比較するもの	ポイント
Quality	納品物の品質、ミスの個数	改善できるミスを切り分ける
Cost	同じ業務でかかっている人件費	ロボット化した箇所で測る、ミスが減少した場合は修正コストの減少も含める
Delivery	納品までの時間	時間（h）でカウントし、日（day）で計測しない

● 「品質」を評価する

「品質」は実際の納品物を過去と現状で比較し、ミスの件数などをカウントして算出します。品質の成果は「ミスの件数が〇%減少」というように表現します。算出にあたっては、ロボットのエラーではなく、もとのデータによるミスや画面変更によるミスを区別したうえで「現状の〇件のミスは改善予定」と改善見込みを示すのがポイントです。

● 「コスト」を評価する

「コスト」は1つの業務にかかっている人手を過去と現状で比較し、減少した時間を時給に掛け合わせて算出します。コストの表現は「〇〇業務のコストを△△%削減」のように表現します。
評価のポイントは、ロボットの稼働待ち時間などを含んだ業務全体で測るのではなく、ロボット化された箇所に絞り込んで計測する点です。上述した品質の評価でミスの減少が算出されていれば、そのミスの修正にかかるコストも同じように「ミスの件数が〇〇%減少しコストを△△%削減」と合わせて算出しましょう。

● 「納期」を評価する

納期は1つの業務の完了にかかっている時間を過去と現状で比較し、引き算を用いて時間で算出します。納期の成果は「納品時間が〇〇%減少」というように表現します。ポイントは社内ルールで決まっている場合の多い「納期日」ではなく納品までにかかった「時間」で計測する点です。

▶ 速報と定期報告の目的 図表56-2

	目的	誰に	何を	いつ
速報	できるだけ早く、成果を知ってもらう	主に従業員	プロジェクト概要、成果	新しいことをはじめた1〜2週間後のタイミング
定期報告	プロジェクトの成果と課題を知ってもらう	主に経営層	プロジェクト成果、課題、次の取り組み	月に1回などの業務期間単位で

> シンプルな QCD に絞ってすばやく効果を測定し、このあと解説する広報を行い社内に味方を増やしていきましょう。

Lesson 57 [広報]
定期報告と振り返り

**このレッスンの
ポイント**

RPAの運用が軌道に乗ってきたら、月に1回程度の定期報告会を実施して成果を共有しましょう。また、RPAベンダーも含めたプロジェクトメンバーによる振り返りも併せて行います。

● 定期的な月次振り返り

導入直後には、週1ペースでKPTによる振り返りを行いました（レッスン52）。軌道に乗ったあとは、定量的なQCDベースの報告とディスカッションによる振り返りを行います。QCDは、初回計測から変更がない場合は予測で行い、変更がある場合や新たな業務が加わったときのみ再計測します。

著者のやり方を紹介すると、QCDの報告を10分程度で終えた後、プロジェクトメンバーによる振り返りを行います。振り返りでは「よかったこと」「困ったこと」の2トピックを10分程度ずつディスカッションしながら進めていきます。「よかったこと」は主に今後の広報や社内での利用推進に活用でき、「困ったこと」はロボットや業務の改善に利用します。「次の予定」では40分程度でRPAの対象業務の拡大や現状の改善について、業務収集表を見ながら決定します（図表57-1）。

▶ **定期報告会のアジェンダ** 図表57-1

タイムテーブル	テーマ	やること
1〜5分	スタート挨拶	1か月のできごと振り返り
5〜10分	QCDの報告	QCDの観点でプロジェクトの進捗を報告
10〜30分	振り返り	よかったこと、困ったこと、をディスカッション
30〜50分	次の予定	困ったことの解決やRPA拡大について決定する
50〜55分	まとめ	定期報告会のまとめを共有する

広報はこまめに、3パターンに分ける

効果測定の速報も定期報告会も、3パターンに分けて広報します。「中小企業でも広報するの?」と思われた方もいるかもしれませんが、シンプルなものです。

1つめの広報は定期報告会への参加者や経営陣向けに議事録を共有するもので、メールで行います。

もう1つは全社員向けです。**図表57-2** のように効果測定結果や現場の声、今後の予定を伝えます。基本的には議事録をベースに、必要に応じて編集を加えます。たとえば一般社員向けであれば議事録形式よりも、要点だけに絞って伝えたほうがわかりやすいでしょう。これもメール配信で行います。

最後は社外向け広報です。「情報の逆輸入」によって、かえって社内のモチベーションが上がるケースは往々にしてあります。報告会に社外広報の担当者やベンダーの担当者を招いたり、ベンダーの事例インタビューに応じるのもおすすめです。「ここまでやるのか」と思うかもしれませんが、RPAは現場が動かなければ広まっていきません。現場の利用が広まらなければ投資対効果が上がることもありません。

多くの企業でRPA導入が現場に広まって行かない原因は、この広報を怠っていることも大きいのです。RPAプロジェクトの投資に対して、こまめで定期的な広報は低コストな割に有効な解決策です。

▶ メールの内容の例 図表57-2

■ RPA とは ホワイトカラーのパソコンを使った単純業務を自動化するテクノロジーです。	RPAの説明から、成長の状況や業界での事例
■ RPA が稼動する現場 現在、営業部では 10 台のロボットが稼動中。競合調査から、申込書作成まで大活躍です。	自社で稼働する RPAの紹介とその職場の様子
■ RPA の成果 RPA 導入の結果、約 130 時間が削減され、ひとりあたり 1 時間の早帰りができるまでに!	稼動の成果で得られた削減時間、社員の変化
■アンケート RPA を利用してみたいと思う業務がある方はぜひ、こちらのアンケートにご回答ください!	アンケートで利用したい業務を募集

定期報告会の内容は議事録を簡単にとっておくと関係者への共有や、広報にも便利です。

Lesson [横展開]
58 RPAを全社に広げていくには

このレッスンの
ポイント

一部の業務でRPAの成果が出はじめたのに、ほかの部門に広がっていかないために、結果として投資対効果が合わないことがあります。RPAがもたらす成果の1つ1つは小さいため、上手に横に展開する必要があります。

○ 導入はできた、成果も出た。でも大きくならない

構築期を終えた企業から、「あらかじめ用意されたロボットの活用は受け入れられ、一部の部門では活用もされはじめているが、全社に広がっていかない」というような声を聞いたことがあります。
RPAロボット1つ1つの成果は小さく見えるため、まとまった効果を得ようとする

とそれなりのロボット数が必要になります。しかしこれまで見てきたように、業務の洗い出しやロボット作成には勘所が必要で、横展開を図るには 図表58-1 のようなハードルを乗り越える必要があります。

▶ RPAの広がりを妨げる主なハードル 図表58-1

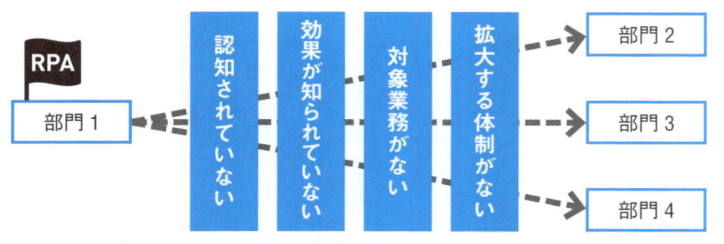

👍 ワンポイント 外部の目線を借りる

外部のコンサルタントなどの力を借りて、業務を見直すことも横展開の後押しになります。社外の目線から見ることで新たにRPA化すべき業務が見つかったり、他社と比較した業務の無駄が

見つかったりすることがあります。特に効率化が現場で進んでいない部署に対しては外圧として有効に機能することがあります。

● 社内ツアーを開催

レッスン57でも紹介した社内広報に加えて、社内ツアーを開催するのも横展開の後押しとなります。たとえば、広報に掲載した事例のロボットが稼動する現場へ、未導入の他部門からの見学ツアーを設定していきます。現場に来てロボットが稼動している様子を目にすると、多くの人は「どうやったらやれるの？」と前向きな興味を抱くはずです。

その状態になったら、導入プロジェクトをなぞりながら、その部門でのRPA環境を構築していきます。

● 社内ロボット工場を設置、アイデアソンで巡回

ロボットを作成するには、そもそも対象業務があることが前提です。導入プロジェクト時点で対象業務がなかった部門に広げるためには、前述の見学ツアーに加え、改めてヒアリングを行って対象業務をあぶりだす必要があります。このときもう1つ横展開を阻む壁があります。

RPAを触ったことのない社員にとって、やはり「自分でイチからロボット設定するハードルが高い」ということです。RPA対象業務の在庫が溜まってきたら、ロボットを作成する専任チームの編成を検討をしてみてください。

RPAロボットの作成自体は、数時間から数日の研修で身につけられます。そういった余裕がない場合や作成にあてられる人員がいない場合は、「RPA人材派遣サービス」などを利用して人員を確保するのもよいでしょう。

ロボットを作成する人員が確保できたら、アンケートをもとにRPAロボットをひたすら作り続けるロボット生産工場をスタートさせます（**図表58-2**）。そして、工場メンバーで定期的にまだRPA導入が終わっていない組織単位でレッスン33でお伝えした「アイデアソン」を実施し、広報活動とロボット生産の拡大を行っていきます。

▶ **移動ロボット工場** 図表58-2

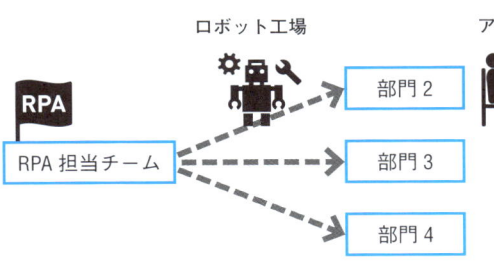

ロボット工場

アイデアソン

ロボット作成担当が出張し、アンケートをもとに作ったロボットを一緒に稼働させる

RPA

RPA 担当チーム → 部門 2

部門 3

部門 4

Lesson [RPA以外の選択肢]

59 RPAとほかのツールを共存させる

**このレッスンの
ポイント**

RPAにはたくさんの種類があり、それぞれの長所と短所が
あります。できない業務もあり、RPAにこだわりすぎても
メリットはありません。ここではRPAだけでなくほかの選
択肢を持つ方法を身につけていきましょう。

⭕ RPAは手段であって目的ではない

横展開期では、できるだけ多くの業務を
RPA化しようとしがちです。特にトップ
ダウンで導入して一定の成果が出ている
場合は、同様の成果を求めてほかの業務
や部門でもとにかくRPA化を推進する機
運が高まるでしょう（図表59-1）。
また、導入しているRPAサービスを使い
込むがあまり、そのRPAサービスに業務
として向いていない使い方をしてしまう

こともあります。極端な例ですが稟議の
承認フローをロボット化してしまうと稟
議の意味がなくなってしまいますよね。
そこまでの例はないにしても、勤怠管理
などそもそもシステム化されているもの
は、その上でさらにRPAを走らせるよりも、
もとのシステムを変更したほうがよい場
合があります。

▶ **RPAは銀の弾丸ではない** 図表59-1

全部 RPA で解決？

・データ集計
・資料作成
・画像作成
・交通費申請
・稟議承認
…etc

RPAで解決しないほうがよい課題もある

例）稟議承認…意味がなくなってしまう
例）勤怠…そもそも ERP を変更したほうがよい場合も

繰り返しますが、「RPA は万能
ではない」ことを念頭に、業務
範囲を拡大していきましょう。

RPA以外にも業務効率化サービスはある

たとえばExcelで行う集計や統計、資料作成などの操作であれば、RPAを使うよりマクロを作ったほうが効率的です。また、データ分析などはBIツールなどに任せたほうが少ない手間で高度な分析が可能です。図表59-2 のように、RPA以外にも業務を効率化するサービスは多くあり、特定の作業に特化したサービスであれば、RPAよりも高い効果が得られます。成果が出ているからといって、RPAだけに選択肢を絞る理由はありません。

▶ RPA以外の自動化ツール 図表59-2

目的	ツール
複雑な集計	マクロツール、GoogleAppScript
数値の分析	Tableau、PowerBI
入力の効率化	Kintone、Googleフォーム
業務自体の効率化	SmartHT、freee

1台からはじめて、RPAの選択肢を広げる

たとえば、初期はパソコン1台からはじめられるデスクトップ型RPAで開始したとしても、利用する部門が増えれば、クラウド型やオンプレミス型RPAへ移行するのが自然です（図表59-3）。

顧客から高いセキュリティ要件を求められる場合は、クラウド型RPAにセキュリティ強化を要求するよりも、自社内のクローズドなパソコン環境にRPAをインストールして処理したほうが理に適っていることもあります。

また大量のロボットを作成し全社に展開する場合などは、稼働時間やロボット数で課金されるタイプのクラウド型RPAから、その制限のないオンプレミス型RPAを導入し集約するのも賢い選択です。

▶ RPAの階段状戦略 図表59-3

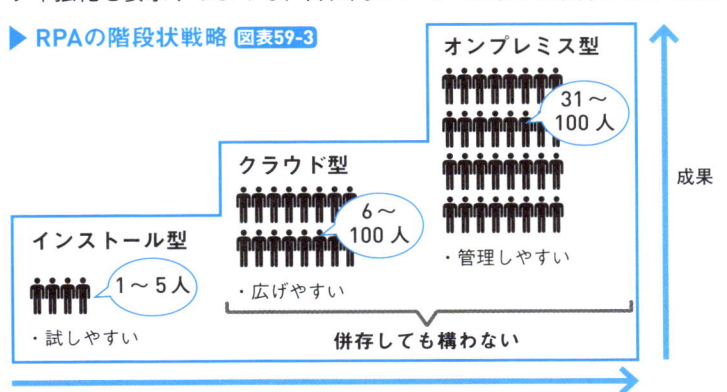

[RPAの拡張]

60 RPAの基本原則から外れない運用を

**このレッスンの
ポイント**

> RPAによって成果が出ると、あらゆる業務をRPA化したく
> なります。広げていくときは、「**RPAは短期的な成果の積み
> 重ねで大きな成果を作り上げる**」という<u>基本原則から外れ
> ない運用</u>をしましょう。

⭕ RPAのメリット「大規模なシステム改修不要」がアダに

RPAは既存のシステムの大規模な改修が不要で、業務フローの大幅な変更を伴わず、小さな投資で生産性向上が図れることがメリットです。一方でそれゆえに強い「副作用」を持っています。

たとえばもともと現行システムの使い勝手が悪く、改修を行う予定だったところにRPAを導入した結果、使い勝手の悪いシステムを改修せずに使い続けることになったとします。またはシステム間のデータをやりとりするAPIを開発しようとしていたとして、RPAの導入で当面は事足りたということもあるでしょう。その改修や開発が本当に不要ならよいのですが、単に「ダメなシステムの延命」になってしまうこともあります（**図表60-1**）。

▶ RPAの副作用 **図表60-1**

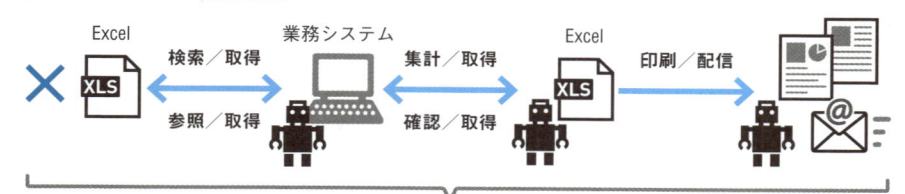

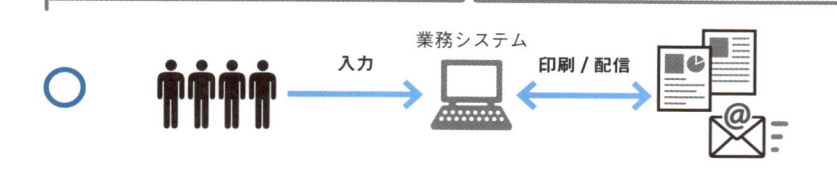

⚫ 大規模で長期の改善はシステム開発で

たとえば、紙の申込書を処理するために人間がデータ入力を行い、そのデータを別システムに転記し、メールで印刷した書類のPDFを配信する業務があったとします。

これは短期的にはRPA化するべき業務かもしれません。技術的にはデータ入力をRPA化したり、紙の申込書をOCR（画像解析）でデータ化したりすることは可能です。

ただ、長期的には「紙を使った業務が止められないか」という問いのほうが利益につながる可能性が高いのです。また、紙を使った業務が永続的に続くとしたら「一度情報を入力するだけのシステムにできないか」を検討するほうが長期的な投資対効果が合ってくるはずです。

図表60-2 のようにRPAで短期的に業務時間の削減ができるようになったら、「開発プロジェクトによる長期的な改善の検討を行う」のがRPAの副作用に陥らない薬といえるでしょう。

▶ RPAと開発の見極め 図表60-2

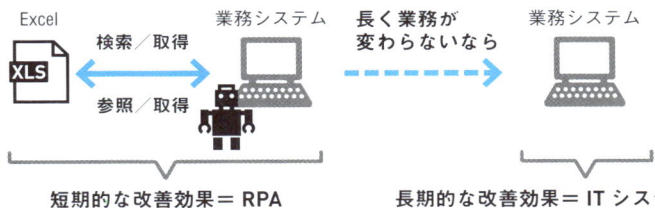

| Excel | 検索／取得 → 参照／取得 | 業務システム | 長く業務が変わらないなら | 業務システム |

短期的な改善効果＝ RPA　　　　長期的な改善効果＝ IT システム開発投資

> ロボットが複数の部門で業務を代行しはじめると業務の中身やつながりの把握がどんどん難しくなっていきます。生産性を上げるために行われていたはずの RPA が、業務の複雑性を増し、業務を改善しづらくしてしまう「ダメ業務の延命」を助長することすらあるのです。

[RPAとAI]

61 RPAのその先に行こう

**このレッスンの
ポイント**

RPAの導入プロジェクトで描いたフューチャープランは実現できそうでしょうか。運用を継続していくと、<u>AI化を取り入れたさらなる自動化</u>や、人間自体もより高度な働き方ができるように環境が変化していきます。

⭕ RPAがAIへの道筋を作る

ここまでの章で解説してきたRPAの導入から運用までは、RPA活用の第一段階にすぎません。この次の段階として、RPAとAIを掛け合わせた新しい経営スタイルが見えてくるはずです。

第一段階では、RPAの導入を進めて業務時間の削減を行い、将来への投資を行う時間を確保することを最優先にします。RPAで生まれた余力でシステム開発の検討や、RPAの横展開を進めて成果を大きくします。

実はRPAを導入するメリットは労働時間やミスの削減だけではありません。今では社内のExcelに散らばって、人間がさまざまなルールで入力した機械の読めないデータがAIの活躍を阻んできました。RPA化の工程でデータ入力のルールやデータベースが整備されることで<u>機械でも読めるデータを獲得する流れができるの</u>です（図表61-1）。

AIは前述のようにデータを用いて推論、最適化、判断の一部を行うことができます。つまり第一段階の次はRPAの成果に「掛け算」をするAIの段階といえるのです。

▶ **RPA前とRPA後** 図表61-1

RPA 前

・入力ルール不統一のデータ
・入力ミスの多いデータ
・入力漏れの多いデータ

**AIや分析ツールで読めない
（使えない）**

RPA 後

・機械で読めるルールのあるデータ
・異常値の少ないデータ
・欠損の少ないデータ

**AIや分析ツールで読める
（使える）**

● RPAとAIが作る近未来の職場

RPAの成果にAIが加わると、何ができるようになるのでしょうか。現時点のAI技術の進歩を前提とすれば、少なくとも 図表61-2 に挙げた3つのことができるようになりそうです。

1つ目は「人間の高度な仕事を代行する」こと。RPAが集約したテキストデータをAIが自然言語処理することで、専門家が常時社員のそばにいてくれるような職場になるでしょう。たとえば、金融部門の「審査」や不正などの「検知」、法務部門での契約書のチェックや特許申請時の「調査」、カスタマーサポートやIR部門での「応答」などで人間の仕事を代行する事例が出てきています。

そして2つ目は「人間の判断の参考情報を瞬時に出す」こと。自社の数値データをRPAが集約したところに予測技術が加われば、考えられないスピードで経営判断ができる職場になるでしょう。

今まではコンサルタントやデータ分析ツールを使って、膨大な時間をかけて行っていた調査や分析、予測を、機械が瞬時に提供できるようになります。すでに、ゲノムの構造を解き明かす「解析」や、電力の需要をリアルタイムで計画する「分析」、株価の短期売買価格を見通す「予測」など、参考情報を瞬時にアウトプットする事例が出てきています。

そして最後に「代わりに判断する」こと。自社の業務のうまくいったデータをRPAが集約したところにAIによる学習技術が加われば、人間の代わりに学習しながら簡単な判断を代行してくれるコピーロボットがいるような職場になるでしょう。

今までは人間しかできなかった「よい」「悪い」といった判断を、機械が代行できるようになるのです。たとえば、すでに収穫した農産物を良品と不良品に仕分ける「分類」や、自動車の運転で車線変更をする「決定」などで、データをもとに「よい」「悪い」を判断する機械が活躍しています。

▶ 職場で起きる変化 図表61-2

人間
③ 業務の高度化

AI
高度な仕事代行
② 瞬時の分析
簡単な判断代行

RPA
① 労働時間の削減

RPA の先に AI がいる職場は、パソコンが普及したインパクトよりは大きな変化が起きそうです。

ⓘ COLUMN

サービスを組み合わせて働く

汎用性の高いRPAは高性能を誇る反面、思いのほかコストが高くつくこともあります。そのような場合は、特定の業務に特化した安価な「特化型RPA」を組み合わせて、より高い成果を生むことができます。

たとえば営業リストの作成に特化した「Baseconnect」。数万社から自社と成約可能性の高い企業を自動的に選定してくれます。また、アポイントなどの日程の調整は案外面倒なものですが、「Waaq Assistant」というサービスを使えば、Googleカレンダーの予定を把握して自分に代わって相手との日程調整を完了させます。また、営業活動でもらった名刺から自動的に顧客リストデータを作成する「Sansan」、出張の手配や精算の処理に特化した「Altravel」など、さまざまなサービスがあります。このような営業支援は、汎用的なRPA

を使って自動化しようとすると非常に複雑なフローを設計しなければなりませんが、特定業務に特化した自動化ツールを使うことで簡単に実現できます。バックオフィスの業務に特化したサービスもあります。紙の帳票から自動的に仕訳判定まで行う「Sweeep」、5分で契約書作成・電子契約締結まで行えるシステム「Holms」、商標取得を自動化する「Toreru」などなど、数え上げればきりがありません。

このように、私たちの会社で行われているほとんどの業務で特化サービスが登場しています。RPA製品やサービスを綿密に調査して導入するより、こういった特化型サービスを導入したほうが効果的なケースもあるので、選択肢として頭の片隅においておくとよいでしょう。

> **RPAの本を書いていてなんですが、RPAにこだわりすぎず、柔軟な視点で自動化を行うことが成果につながります。**

Chapter

8

成功事例に学ぶ
RPAの効果

最後の章では、これまで学んできた導入・運用ノウハウの振り返りを兼ねて、実際にRPAを導入した企業の事例を紹介します。

62 複数のRPAを併用し成果を拡大する

**このレッスンの
ポイント**

IT部門が主導し、オンプレミス型RPAによって年間4,000時間もの効率化を実現しているDeNA。今後段階的に現場で活用できるタイプのRPAを導入し、自動化の範囲を広げる取り組みを行っています。

○ 社内向けサービスの一環としてRPAを推進

株式会社ディー・エヌ・エー（DeNA）は、モバイルゲームを主力事業としながら、オートモーティブやヘルスケア領域のサービス、そしてAI技術の研究開発などを行っています。傘下にはプロ野球の横浜DeNAベイスターズもあります。

RPAを推進しているのは、社内向けにITサービスを提供するIT戦略部です。その中でもITを使って業務課題を解決するミッションを担う業務改革推進グループが中心となっています。ここではIT戦略部業務改革推進グループの大脇智洋さんにお話を伺いました。

▶ **RPAを導入した業務概略** 図表62-1

導入部門：IT戦略部、人事部門など
業務内容：購買業務、アカウント管理業務、勤怠管理業務など
プロジェクト人数：6人

▶ **会社概要** 図表62-2

社名：株式会社ディー・エヌ・エー
設立：1999年3月4日
事業概要：モバイルを中心としたインターネットサービス

● システム化の進んでいない業務をRPAで自動化

DeNAが業務改善に活用しているのはRPAに限りません。NetSuite（人事・財務管理システム）やConcur（経費精算システム）といったクラウドサービスの導入や、Slack（チャットツール）上で簡単な質問に回答するチャットボットの開発も行っています。

さまざまな業務効率化ツールを運用する中でRPAを導入したのは、複数のシステムをまたいだ一連のオペレーションを自動化できること、それもプログラミングが不要であること大きな理由です。従来のシステム開発による自動化の対象業務はデータ処理が多い領域が中心でしたが、RPAは少ない工数で自動化できるため、データ処理が少ない業務の効率化が期待されています。

● 手の届く範囲からスタート

導入初期にRPA化したのは、IT戦略部で行っているIT系の購買管理や社内システムのID管理などです。まずはトライアルとして、手の届く範囲の業務からRPA化しました。それから経理や人事などのバックオフィス業務の効率化に着手しましたが、特に効果が大きかったのは人事部門です。たとえば勤怠管理業務では、勤怠の入力チェックや残業時間チェックを行っています。勤怠システムに勤務時間を入力してない社員にアラートを出すロボットや、残業時間の超過を予想し警告するロボットが稼動しています。

● RPAの効果①「勤怠チェック」

人事関連のロボットについて見てみましょう。たとえば勤怠の入力チェックの場合、ビルの入退館記録と勤怠システムを連携させて入力の手間をなくすという仕組みはすでにあります。しかし、社員がリモートワークするケースや、入退館記録と連携する仕組みがない事業所などでは適時に勤怠時間が入力されず、タイムリーな勤怠管理ができません。そういう場合は人事担当者が勤怠入力を自分でチェックし、未入力の社員に対してアラートを出して対応していました。しかし全社員をチェックするには膨大な時間がかかります。そのため対象を数百人に絞っていましたが、RPA導入後は全社員約2,500人分のチェックをロボットが実行しています。

● RPAの効果② 「残業時間予測アラート」

同様の人事関連の事例をもう1つ挙げましょう。社員の月中の勤務実績から月末時点の残業時間を予測し、規定時間を超えそうな社員に注意を促すという業務があります。利用している勤怠管理システムに残業時間を予測する機能はなく、自前のExcelシートで管理していました。Excelに入力された勤務実績データから労働時間を集計し、健康管理時間などの社内ルールに抵触するかどうかを判定するものです。人事担当者がExcelシートをチェックし、過重労働リスクのある社員にアラートメールを配信するのですが、運用の負荷が大きく一部の社員しかチェックできない状況でした。RPA導入後は月に2回ロボットを稼働するだけで、全社員分の残業時間見込みを自動的にチェックできるようになりました。

● RPA導入プロジェクト

現在のRPAプロジェクトは6人で運営しています。IT戦略部の配下にある業務改革推進グループとシステム開発グループで混成チームを作り、その中で「企画」「開発」「PMO」（プロジェクトマネジメントオフィス）の3つのチームに分かれています（図表62-3）。企画チームはユーザー部門（現場）の窓口で、現場を調査しロボットの設計図を描きます。開発チームは設計図をもとにロボットを作成する役割です。PMOはロボットの開発標準ルールを定めたり成果物のレビューをしたりします。

検討をはじめたのが2017年5月で、6月にオンプレミス型RPAの導入を決めました。まずIT戦略部内で導入方法や開発標準ルールをまとめ、そのルールにもとづき、人事や経理などバックオフィス部門にRPAを導入していきました。

プロジェクトメンバーが工数をかけてロボットを開発するため、一定のコスト削減効果の見込める業務をRPA化するという方針を立てています。しかしそうなると、少量多品種系の現場業務はRPA化の対象になりません。そこで、RPAの効果をさらに拡大するため、現場の社員が自分でロボットを開発できるタイプのRPA導入を検討しています。

▶ DeNAでのRPA導入プロジェクトの体制 図表62-3

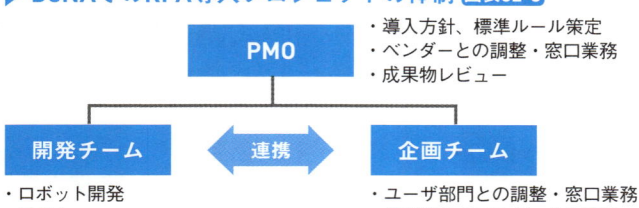

DeNAでは役割ごとに3つのチームに分けてRPAの導入を進めている

動画を活用したRPA推進

RPA化する業務の選定は、企画チームが現場の部門にRPAの動画を見せることからスタートします。動画でRPAにできることのイメージを持ってもらい、業務の候補をリストアップしてもらいます。着手するのは「工数削減効果が高く、開発の難易度が低い案件」からです。対象業務が決まったら企画チームが現場をヒアリングしてロボットを設計します。その後、開発チームによるロボットの開発とテストが終わったら、現場の担当とともにユーザー受け入れテストを行い、問題なければ本番運用を開始します。

現在（2018年9月）、クラウド型RPAのトライアルを行っています。まずは現場向けの説明会とハンズオンの開催、事例をもとにしたナレッジシェアを通じて全社に大きく広めていく計画です。

複数のRPA製品を導入し、より広く活用する

DeNAでは今後複数のRPAを活用していく予定です。ある程度のコスト削減が見込める規模の業務であればオンプレミス型RPA、少量多品種の業務であればクラウド型RPA、といったようにそれぞれの特徴を活かした分け方です。導入候補を選定する中で、ロボットの中央管理が可能かどうかや、既存システム上でロボットが稼動できるかといった機能面も検証しています。

たとえばある製品は「管理機能がしっかりしていて、多数のロボットを開発・管理するのに向いている」というメリットがあり、一方で「レコーディング機能（操作をそのまま記録する機能）がなく、フロー図のようなパーツを1つひとつ組み合わせて開発するためITリテラシーの低いユーザーにはハードル高い」といったデメリットもあります。また別の製品は、「管理機能は弱いが、簡単に開発できる」といった特徴を備えています。それぞれの製品ごとの特徴を活かし、また補完し合うことでより高い業務改善効果が得られるのです。

👍 ワンポイント　新たなチャレンジにつながるRPA導入の効果

DeNAでは、RPA導入によって年間4,000時間の削減効果がありました。この数字は、労務リスクの低減につながるだけでなく、本来やるべき業務に時間を使うための、よいインパクトになります。繰り返し業務はロボットに任せて、人間にしかできない新たなチャレンジの時間を創出することがRPAを導入するメリットです。RPAだけなくさまざまなITツールは、変化の激しいインターネット業界にあり、経営や事業活動に貢献する大きな武器となります。

Lesson 63

[先進企業のRPA導入事例]

働き方の選択肢が広がる RPAホールディングスの業務改革

**このレッスンの
ポイント**

自分自身がよい事例となるべく、テクノロジーを用いた多様な働き方の実現に取り組む**RPAホールディングス株式会社**の事例を紹介します。**RPA**によって実現した「ロボット在宅勤務」など新しいワークスタイルを見ていきましょう。

Chapter 8 成功事例に学ぶRPAの効果

◯ 自分たちがよい事例となってRPAを発信

RPAを活用した新規事業創造グループであるRPAホールディングスでは、経営管理部が中心となりRPAを導入しています。昨今のRPAに対する認知度やニーズの高まりによって急成長を遂げている企業ですが、目の前の業務を回すのに必死な状態が続き、社内のRPA化はまったく進んでいませんでした。そのような中、「ロボ

ットとの共存により、企業成長の影響を受けにくい強固な組織体制を築くべき」であるとして、2017年12月に社内RPA化推進プロジェクトを発足。まだまだRPAが認知されていない中でどのような取り組みを行ったのか、経営管理部の浦田隆治さんと保阪麻有さんに伺いました。

▶ **RPAを導入した業務概略** 図表63-1

導入部門：経営管理部
業務内容：ロボットアウトソーシング事業やアドネットワーク事業などを
　　　　　展開する子会社5社を含めた経営管理業務全般請け負う
プロジェクト人数：6人

▶ **RPAホールディングス株式会社の概要** 図表63-2

社名：RPAホールディングス株式会社
設立：2000年4月、2016年1月に純粋持株会社化
事業概要：新規事業に対する投資およびコンサルティングサービス

まず徹底的に社内でロボットを広め、自分たち自身がよい事例となって社会に RPA を発信していきたいという思いがあったそうです。

○ 自動化対象業務は8部門31業務

RPAで自動化しているのは全31業務で、経理や会計、財務、人事、総務、法務、経営企画、監査の8部門にわたっています。業務内容としては、請求書の作成・発行といった人手を介すると月50時間かかるものから、名刺の発注のような数分で済むものまであります。

こういったバックオフィス業務は、たとえば月中（給与計算）、月末（請求書作成発行、振込）、月初（月次決算、取締役会）と繁忙期があり、業務内容や時間を毎日同じように平準化するのは困難です。そのためどうしても作業時間がかかり残業が発生することも多々あります。

また、部門ごとの集計や転記作業、残高の確認といった人手を介して行う作業が多いため、ヒューマンエラーがしばしば発生していました。品質の維持向上という課題を常に抱えながら業務を行っていたのです。

RPAを導入した結果、たとえば月次決算では8〜9営業日かかっていたものが3〜4営業日に短縮されました。また、月次期間中22〜23時まで働くことがよくありましたが、平均して19〜20時には退社できるようになりました。課題であったヒューマンエラーもなくなり、品質面でも効果が出ています（図表63-3）。

▶ RPA化による効果 図表63-3

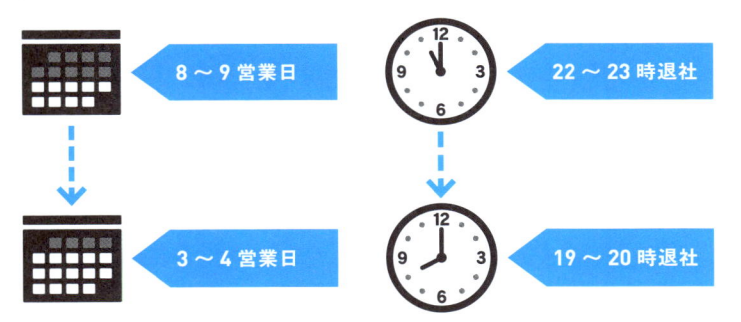

作業時間が短縮されたほか、品質アップにもつながった

会社が猛スピードで成長していたということもありますが、どの会社でもバックオフィス部門は同じような傾向にありますよね。

● 現場＋エンジニアの協働でロボットを作成

RPA化推進プロジェクトは、現場＋エンジニアというメンバーで構成されています。いずれも通常業務を行いながらのプロジェクトということもあり、繁忙期を避けながら時間を捻出しています。メンバーの内訳は現場から4人、エンジニア2人です。

ロボットの作成に欠かせないのは、t現場で実際に行われているフローの把握です。RPAホールディングスでも、現場で業務を再現しながらホワイトボードに業務フローを描き、その場でエンジニアがロボットの基本的な動きを決めていきます。現場とエンジニアが協働しているので、

非常にスムーズに設計が進みます。

多くの部門を横断したデータを扱うRPAで大切なのは、インプットとなる情報を一括管理しておくことです（**図表63-4**）。1つのアウトプットを作成するのに、入手元（インプット）が複数の部門に渡ってしまうと、部門間の情報連携が必要となります。ロボットに業務を任せる際、業務フローや情報の流れはよりシンプルな構造であるべきなのです。RPAホールディングスでは経営管理部として情報を一括管理しているため、ロボット化の推進には適した組織体制であるといえます。

▶ 情報を一元管理 図表63-4

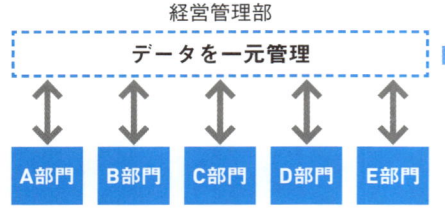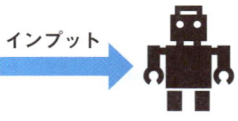

経営管理部
データを一元管理

インプット

A部門 B部門 C部門 D部門 E部門

インプットするデータの種類や形式が統一できるように、一元管理する

● RPAプロジェクト成功の秘訣

ロボットの強みは、リードタイム、品質、コストです。つまり、24時間365日同じ業務を繰り返し正確に、しかも低単価で行ってくれます。どのような業務も大きくは「判断を要するもの」と「作業系」のものに分類できるでしょう。前者は人間が、後者はロボットが実行すればよく、その意味では、業務という観点での向き不向きはないといえます。その役割分担

を1つの軸にして、どの業務をどこまでロボット化すれば効果が出るかという観点で、RPAプロジェクトを継続的に進めていくことが大切です。今後、RPAの技術はさらに発展していくでしょう。そして企業もRPAとともに成長していきます。このように、ロボット化のプロジェクトは企業に欠かせない事業の1つとなっていくかもしれません。

⭕ RPAがもたらす新しい働き方

実際にRPAホールディングスで起こったエピソードを紹介しましょう。ある女性社員は、夫の転勤に伴い茨城の水戸に引っ越すことになりました。実質的に毎日通勤できる距離ではなく、通常であれば会社を辞めるという選択肢しかなかったかもしれませんが、同社の「ロボット在宅勤務」というスタイルで勤務を続けているそうです。

具体的な業務としては、ロボットが作業する手前の段階で、業務ごとのフォーマットを作成します。各事業から流れてくる確定データに、請求書作成や仕訳入力などに必要な基幹システムのマスターを追記したり、合計値などの一致を事前に確認したりする作業です。その後は、ロボットがそのフォーマットをインプットとして作業を行ってくれるので、その間にほかの業務をしたり、洗濯物を取り込んだりといったちょっとした家事もできます。

業務が完了したら、完成物のチェックを行います。月末の振込作業は金融機関の電子証明書などの関係上、また月初は月次決算で繁忙期であるため、その期間は東京オフィスに出勤しています。

これはレッスン2でも紹介したリモートワークが、RPAによって実現できる好例といえます。

> 遠方に引っ越したあとも同じ職場で働くということは、通常かなりのハードルがありますが、RPAによってライフステージに合わせたさまざまな働き方ができるようになるのです。

👍 ワンポイント　生産性革命につながるRPA活用

RPAホールディングスの事例からもわかるように、現在のRPAの主な役割は、定型文の入力や数値集計など人間の業務の補完・遂行です。これらの特性を正しく理解しロボットとの分業を図ることで、1人当たりの生産性が劇的に向上します。それによって、人間の社員は「多能工化」や「時短勤務」、「リモートワーク」などの多様な働き方が実現でき、ヒューマンエラーをなくすことによる品質の強化、業務平準化による一組織当たりのコストの最適化が図れます。そしてこれこそがRPAがもたらす「生産性革命による真の働き方改革」へとつながっていくものと考えます。

64

[先進企業のRPA導入事例]

目に見えない部分のコストも削減
ウォンテッドリーを支えるRPA

**このレッスンの
ポイント**

ウォンテッドリー株式会社の事例を紹介します。業務効率化によるコスト削減という目に見える効果以外にも、人間の作業負担が減ることによる心理的な余裕や、現場における意識の変化といった副次的な効果にも注目です。

◯ ビジネスSNSの管理業務にRPAを導入

ビジネスSNS「Wantedly」を展開するウォンテッドリーでは、登録企業の契約や利用といった管理業務のオペレーションチームでRPAを導入しています。Wantedlyには25,000社以上の企業が登録しており、これらすべて人手で管理していましたが、業務をスケールアップするうえで人的ミスやコストが課題となったのです。RPA導入の取り組みについてカスタマー・リレーションの震明徹也さんに伺いました。

▶ **RPAを導入した業務概略** 図表64-1

導入部門：カスタマー・リレーション
業務内容：登録企業（25,000社超）の管理業務
プロジェクト人数：7人

▶ **ウォンテッドリー株式会社の概要** 図表64-2

社名：ウォンテッドリー株式会社
設立：2010年9月
事業概要：ビジネスSNS「Wantedly」の企画・開発・運営

ウォンテッドリーでは、登録後すぐにブラウザでロボットを稼働できるクラウドRPA「RoboticCrowd」を利用しているそうです。

システム開発よりRPAのほうが合理的

スタートアップ企業であるウォンテッドリーは、商品やオペレーションなどをそのつど改善しながら事業を展開しています。このような展開スピードについていくには、個別の業務も、それぞれのフローに最適な形で効率化していかなければなりません。時間とお金をかけて大がかりなITシステムを開発するよりも、RPAのような小回りの利くツールを導入するほうが合理的です。

RPAの対象業務

RPAの導入時点では、25,000社を超える登録企業中、有料プランを利用しているユーザーの契約、請求業務にしぼって利用をはじめました。なお、この管理業務は派遣社員3人＋まとめ役の契約社員1人で行っています。

たとえば、契約を継続する場合の更新作業では、自社システムから配信されるメールをトリガーに、まず更新対象企業のリストを作成。そしてそのリストに対してロボットを動かし、ユーザーへの連絡や業務システムの実行を自動化しています（**図表64-3**）。また、スカウトチケットなど商品の付与状況、利用プランごとのアカウント数などの確認業務でもRPAを活用しています。

ほかにもRPAの範囲を広げており、たとえば営業部門であれば、営業関連データの収集、デイリーレポートの作成をロボット化しました。デイリーレポートは文字通り毎日利用するため、出勤時刻より前にロボットが自動的に作動し、業務がはじまる朝9時半までにレポートができあがるように設計されています。営業関連データの収集は、必要なときにそのつどロボットを実行できる設計です。現在では、人事関連の業務や広告出稿作業といった営業部門以外にもRPAを広げています。

▶ RPAの業務イメージ 図表64-3

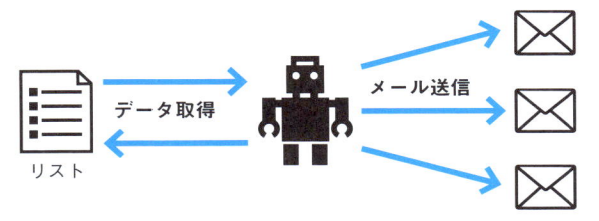

データ取得

メール送信

リスト

作成されたリストに対してロボットを実行し、ユーザーへの連絡などを自動的に行う

● RPAの導入前後で何が変わったか？

RPAを導入する前は、チームの派遣社員3人のうち2人が常時業務に張りついており、特に新規申し込みが増える月末には残業が発生するという状況でした。人数に対して業務工数が非常に多いため、「メール作成時に間違ったデータをコピペしてしまう」といった人的ミスがどうしても発生してしまいます。送信前に再チェックしきれる数ではなく、ミスが発生してからリカバリーするのも大きな負担です。その課題を解決するためにRPAを導入し

たところ、今まで3人体制でやっていた業務が、ほぼ1時間／人で完了するようになりました。人間がチェックする部分も残っていますが、業務時間は激減したといえます。また、今までは契約状況など1社1社確認する必要があったのが、ロボットが出力するスプレッドシート上でまとめて確認できるため、気持ちのうえでも負担が減りました。このように「目に見えないコスト」の削減にもつながっています。

● ウォンテッドリーのRPA導入プロジェクト

いわゆる「1人プロジェクト」からスタート。担当者は1日中社内にカンヅメでRPAと向き合い、導入するサービスの仕組みから学んで、RPAベンダーと一緒に機能の改善などを行いつつプロジェクトを進めました。5月にキックオフ、5月中旬にトライアル版で検証、7月に担当者の部門で実運用がスタートし、徐々にほかの部門に広がっていきました。
ウォンテッドリーでは毎週金曜の夜に全

社に成果を発表する場があり、担当者はそこで「RPAをどのように導入したか」を発表しました。すると「自分の部門でも作りたい」という声が複数上がり、それをきっかけに社内でRPAが広がります。現在は作りたいという人に対して1時間くらいのチュートリアルを実施した後、ペアプログラミング形式で一緒に作っています。ある程度作成に慣れたらそこからは現場に任せるという体制です。

> 自分の部門での成功例があったため、社内での導入が自然に広まった例ですね。

● ウォンテッドリーが考える、RPAが向いている業務とは?

ウォンテッドリーでは、RPA化する業務として **図表64-4** の3つの基準を設けています。「フローが短い」「まとめて処理可能」「繰り返し回数が多い」業務です。業務フローが長いもの、そのつど処理が必要なものはロボット化が難しく、また月に数回程度しか実施しないものは投資対効果が合わないのでRPA化はしません。

また、ウォンテッドリーは「非労働集約的なビジネスモデルを確立したい」という志向の強い組織だったこともRPAの導入に向いていました。RPAは導入した初日から劇的な効果があるわけではなく、改善しながら成果を出していくものです。非労働集約型という志向があったからこそ、先を見据えた取り組みができたと考えられます。

▶ RPA化する業務基準 図表64-4

フローが短い

○ 実行 → 処理1 → 終了
× 実行 → 処理1 → … 処理X → 終了

まとめて処理できる

| 処理 | 処理 |
| 処理 | 処理 |

繰り返し回数が多い

処理

「フローが短い」「まとめて処理できる」「繰り返し回数が多い」かどうかがRPA化する業務の基準

● RPAによって生まれた新しい働き方

ウォンテッドリーでは、自動化によってどのような働き方改革につながったのでしょうか。たとえば今回RPAを最初に取り入れた管理業務部門では、空いた時間を使ってマニュアルを作成したり、オペレーション改善の調査作業を行ったり、本来チームとしてやりたかったことができるようになりました。

また、エンジニアの力を借りなくてもできることが増えた、という変化もあります。たとえば新しいサービスを検証するときに、「RPAを使えばシステムを作らなくてもテストできるね」という提案が現場レベルで行えるようになったのです。

> RPAによって生じた時間的余裕は、事業を継続するために必要な価値創出に直結します。上で紹介した新サービス検証の例は、ちょっとした変化かもしれませんが、この変化が積み重なって大きな流れにつながるのです。

人間とロボットが協働で生み出すクリエイティブ

このレッスンの
ポイント

ディップ株式会社の膨大な求人広告は、人間とロボットの協働で支えられています。クリエイティブ業務の中でどのようにRPAを活用しているのか、ロボット制作の工夫点や社内へ広げるための取り組みを見ていきましょう。

● RPA化を進めた理由

レッスン16やレッスン17でも過去の事例を紹介したディップ株式会社。ここではクリエイティブ統括部の現場を紹介しましょう。クリエイティブ統括部は日本全国で総勢90人ほどの人員を抱える制作組織で、「バイトル」や「はたらこねっと」といった求人広告の新規作成や更新運用を常時10万件規模で行っています。

会社の成長にともない求人広告の制作量は毎年20%ずつ増えていますが、人員を同じ比率で増やしていくのは現実的ではありません。1人あたりの生産性を上げるため、Excelのマクロを多数開発したり、

入力業務を電子化したりしていましたが、一層のコスト削減の期待もあってRPAを取り入れました。

クリエイティブ統括部では、顧客から日々届く要望に応えるためかなりの頻度で求人サイトのリニューアルを行っています。また、商品開発などの新しい取り組みが次々にスタートすることもあり、開発工数のかかるシステムよりもRPAのほうが企業の風土にマッチしていたのです。その取り組みについてクリエイティブ統括部の森田亮さんと小久保江里さんに伺いました。

▶ **RPAを導入した業務概略** 図表65-1

導入部門：クリエイティブ統括部
業務内容：求人情報サイト（10万件）のデータ入力
プロジェクト人数：5人

▶ **ディップ株式会社の概要** 図表65-2

社名：ディップ株式会社
設立：1997年3月
事業概要：求人情報サイトの企画・開発・運営

● RPAの対象業務

求人広告を作成するためには、顧客企業から求人情報を収集して、その情報を広告用に成型する作業が必要です。たとえば大手チェーンの求人案件の場合、その企業の勤務地となる店舗リストを作成するという業務があります。これまでは人間が企業サイトにアクセスして、店舗情報をコピー＆ペーストしてリストを作成していましたが、多いときは数百店舗ある場合もあり、多大な労力がかかっていました。この業務を自動化したのです。

また、マップ上に求人情報を掲載するため、住所情報を地図座標形式に変換する業務があります。この業務はもともと、①住所をコピー、②座標変換ツールにペースト、③変換された値を求人広告制作システムに入力、という作業を人間が行っていましたが（図表65-3）、この作業も自動化しました。

このように常時稼働するロボットが2種類、顧客に合わせて不定期に実行するロボットが3〜4種類稼動しています。

▶ **RPAが行う業務** 図表65-3

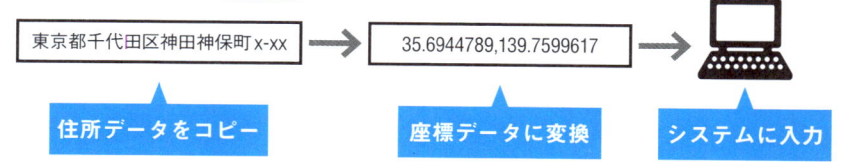

東京都千代田区神田神保町x-xx	→	35.6944789,139.7599617	→

住所データをコピー　**座標データに変換**　**システムに入力**

作業1つ1つは単純だが、大量に行うと人的エラーが発生する確率が高まる

● RPAの導入効果

たとえば住所の変換作業を人間が行う場合、1日2時間程度の作業が発生していました。また、手作業によるミスで座標が間違ったところに表示されることもあり、そういったチェックや修正にさらに時間がかかる状況でした。

それがRPAを導入した結果、地図座標の入力作業は1日30分程度に短縮されたの

です。人間がチェックする作業も残っていますが、ロボットが行うことでおよそ4分の1の時間で済むようになりました。このほかにも小さい業務を行っているロボットが複数稼働しており、全社的にもこれから大きな成果が生まれると期待されます。

> 上層部は必ずしも現場でどのような業務を行っているか把握しているわけではありませんので、マネージャーを通して聞くことはやめて、現場のメンバーに直接、業務内容や課題を聞きにいくようにしました。

● 制作チームが汎用ロボットを作成し、現場でカスタマイズ

クリエイティブ統括部の現場から、特に効率化が好きなメンバーが中心となってRPAの導入を進めました。期間はおよそ1か月です。もともとメンバーの1人が手探りでロボットを作りはじめ、それからほかのメンバーにもそのロボットを使ってもらおうとしました。しかし、それぞれの業務に対応させていたわけではなかったので、このときは誰にも使ってもら

えずに広がりませんでした。そこで、汎用化できそうな業務をヒアリングしてからロボットを作成し、現場に使ってもらう「汎用ロボット」を作る方式に切り替えたのです。これがうまくいき、現場ではそのロボットをカスタマイズして運用しています（図表65-4）。現在では5人程度の現場メンバーで制作チームを組んでロボットを作成しています。

▶ 制作チームとカスタマイズチームが別々 図表65-4

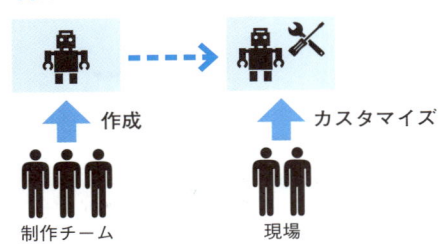

作成　　　　　カスタマイズ

制作チーム　　　現場

基本的な機能を持ったロボットを作成しておいて、現場ごとにカスタマイズする

● 継続的にロボットが広がるように勉強会を開催

周囲を巻き込む力がある人材は、RPA化を進めるうえで潤滑油となります。実際に今回の事例でも、旗振り役となるメンバーがいたことが強力な推進力になりました。

また、前述のようにロボットの作成はプロジェクトチームのメンバーだけが行い、利用者がカスタマイズ（編集）するモデルにしたこともRPAが社内に浸透する後押しとなったといえます。簡単に作れる

とはいえ、慣れないうちは心理的なハードルを感じるでしょう。そこで、まずは出来合いのロボットを使ってもらうことが大事だと考えたのです。

現在では制作チームが主催となり部門ごとの代表者勉強会を月2回開催し、RPAのメリットを共有しています。また、ハンズオン勉強会も適宜開催し、会社全体でロボット制作に慣れてもらう工夫をしています。

> RPAの導入により、人員の増加に頼らない組織運営のモデルが組めそうであるという光明が見えてきたことも大きなメリットです。

◯ ITリテラシーの高さよりも課題意識の高さが大切

これまでにも説明してきたように、新しく取り入れた仕組みが成功するか否かは企業文化の影響を多分に受けます。RPAのような先端ツールは、一般的にIT化が進んだ職場のほうが取り入れやすいと思われがちですが、少なくとも人員レベルでは、ITリテラシーが高くないほうが受け入れやすい傾向があります。たとえばエンジニアばかりの部門では、自前で自動化ツールを作ったほうが早いでしょう。もちろんITリテラシーのあるとないとに関わらず、新しい仕組みに対する寛容性は人によって異なります。その観点でも、旗振り役やRPAの推進役になってくれる人材の存在はとても大きいといえます。

もともと新しいものが好きな企業や課題意識を持つ人間が多い企業であれば、自然とRPA化はスタートできるでしょう。課題に対して「何とかしたい」と思っている人間が1人でもいれば、だんだん職場に広がっていきます。

◯ RPAが企業経営に与えるもの

ディップはメディアを運営する企業です。メディアにとって重要なのは、コンテンツの質であり、その質は技術の力で効率化して、編集にあてる時間をどれだけ確保できるかに担保されます。

そのため、これからのメディア企業は「クリエイティブ＝人間だけのもの」という考えから脱却し、ロボットの活用を前提に、よりよいコンテンツを作り上げてユーザーに届けるにはどうすればよいかを考える必要があるでしょう。

人間の作業をロボットが代替できるという認識が広まれば、人間にできてロボットにできない仕事は何か、より価値を創出する仕事は何か、という考えが経営指針となっていきます。私たちはRPAや働き方改革全般に対して、削減した時間よりも、削減した時間で何ができているか、ということを常に意識することが大事です。

> ディップのクリエイティブ統括部では、ロボットによって生まれた時間を使って、人間にしかできない「編集力」を活かした求人マッチングを作っていきたいと考えています。

66

[先進企業のRPA導入事例]

顧客企業向けの業務に RPAを活用した事例①

このレッスンの
ポイント

ベアーズでは、毎月発行している業績報告書の作成業務で **RPAを活用**しています。報告書は毎月顧客企業ごとに作成 しますが、**RPA**によって効率化することで、**サービスの質 を落とさずに労働時間の削減を実現**しています。

○ 顧客向け報告書作成にRPAを利用

株式会社ベアーズは「がんばる女性を応 援します。お客様感動度120%への飽く なき追求」をコンセプトに、掃除や洗濯、 料理といった日常の家事を代行する家事 代行を中心に、キッズ＆ベビーシッター、 料理代行、高齢者支援などを一般消費者 向けに提供しています。ほかにも、オフ ィスやホテルの清掃、企業の福利厚生サ ービスといった、法人受け事業を展開し ています。

その中でRPA化を推進しているのは、企 業向けの福利厚生サービスを提供する法 人部門です。この部門では、顧客企業に 対して担当者が毎月業績報告書を作成し ており、その報告書作成業務でRPAを活 用しています。ここではマーケティング 部の後藤晃さんにお話を伺いました。

▶ **RPAを導入した業務概略** 図表66-1

導入部門：法人部門
業務内容：オフィスやホテルの清掃、企業の福利厚生サービスの提供

▶ **会社概要** 図表66-2

社名：株式会社ベアーズ
設立：1999 年 10 月
事業概要：家事代行サービス

ベアーズでは、RPA はまだ導入段階だそうですが、 それでも大きな成果が得られているようです。

福利厚生サービス報告書の作成をRPAで効率化

報告書は顧客ごとに内容が異なり、しかも毎月決まった時期に納期が集中します。業務が立て込む時期は労働時間も長くなる傾向にあり、サービスの質を落とさずに労働時間を削減することが課題になっていました。そのような背景から、まずは法人顧客への報告書作成業務にRPAを取り入れます。

これまでは、人間がベアーズのシステムから法人ごとの利用データをCSVでダウンロードして表計算ソフトに流し込み、そこから顧客ごとに必要なデータを報告書に転記するという作業を毎月行っていました。報告書作成業務にかかる残業時間だけで月々300時間ほどかかっていたのです。この業務にRPAを適用し、CSVのダウンロード、各顧客のテンプレートへの転記、という報告書作成業務の大部分を自動化した結果、月間の作業時間がおよそ120時間にまで短縮できました。現在人間の作業として残っているのは顧客へのメール送信業務だけで、社員は残業時間を減らして、早帰りを実現しています。

▶ **RPA化による効果** 図表66-3

人間が行う作業も残っているが、RPAと協働する形で大幅な時間短縮を実現

人間にしかできない業務へリソースをシフト

家事代行業はまだまだ新しい産業で、運用方法もニーズに合わせて随時試行錯誤しながらそのつど変更している段階です。また、既成の表計算ソフトなどを使って管理している情報も多く、そういった既存の資源を活用するためにもRPAは向いています。

ベアーズが各地においているCRM部門でも、集計業務などをロボット化する計画です。CRM部門では、各部門が作った表計算ソフトのデータを一度統合して、それから必要な情報を分析、さらにそのデータをWeb上のデータと比較するといった作業を人間が行っています。このデータ分析は、今後契約数を増やすためのマーケティング施策に必要なものですが、そういった分析は、表計算ソフトの扱いや分析が得意なメンバーがいる部門に偏りがちでした。ベアーズではノウハウをロボット化して、特定の人材に頼らずに広げられれば、より効果的なマーケティングができると期待しています。データの収集や分析はロボット、そしてデータを活かして人の心をつかむ施策を考えるのは人間、のようにリソースを最適な形で配分していきます。

[先進企業のRPA導入事例]

67 顧客企業向けの業務に RPAを活用した事例②

このレッスンの
ポイント

RPAを顧客の支援に活用している事例を紹介します。人材サービスを行っている廣済堂ビジネスサポートでは、顧客の求める人材をいち早く確保するために、RPAを活用してスピード感のある業務を実現しています。

● スピード感の求められる業務を自動化

HR（Human Resources）領域に特化したサービスを提供する株式会社廣済堂ビジネスサポートのアウトソーシング部の事例を紹介します。

アウトソーシング部では、顧客企業にとっての"社外採用チーム"となるべく企業の採用活動における応募の受付から面接日設定までの業務を代行しています。

少子化・採用難の時代に、企業の採用担当者がより一層「選考」に注力できるよう、サービスのクオリティを向上する必要があり、RPAの導入に至りました。

採用業務は、スピードが重要です。応募者は通常、複数社同時にエントリーします。そのため、レスポンスが速い企業を優先していくことが多く、貴重な人材を逃さないためには、よりスピード感を持って正確に、かつ多くの案件に対応することが求められるのです。そのようなエントリー受付の一連の業務を自動化するためにRPAを活用しています（図表67-3）。RPAの取り組みについてアウトソーシング部の大柳友美さんにお話を伺いました。

▶ RPAを導入した業務概略 図表67-1

導入部門：アウトソーシング部
業務内容：顧客企業の採用活動代行業務

▶ 会社概要 図表67-2

社名：株式会社廣済堂ビジネスサポート
設立：2011年11月
事業概要：人材派遣、人材紹介、採用アウトソーシングなどHR領域に特化した質の高い人材採用ソリューションサービスを提供

◯ RPAによって次のアクションが立てやすくなる

廣済堂ビジネスサポートでは、アルバイトに換算すると約25万円分（時給単価1,250円×200時間）の働きがRPAによって代行された計算です。実行ボタンをクリックするだけでコンスタントに処理をしてくれるRPAは、導入目的である「処理件数を増やす」ことに最適なツールといえます。また、人間の場合はどうしても日によって作業量に多少なりともバラつきが生じるものですが、RPAではその

ようなことはありません。RPA化によって1日の処理件数を予想しやすくなり、次のアクションの予定も立てやすくなるのです。RPAによって業務効率化できるだけでなく、流動的で季節によって業務量が左右されていた状態から、計画的に予定を立てやすい状態になりました。その結果生じた余裕を活かして新サービスを開発するなど、事業の可能性も広がっています。

◯ 人材サービスならではの「人間らしさ」に注力

廣済堂ビジネスサポートでは、エントリーの受付業務や説明会誘導メールを送る作業以外に、間接部門の勤怠管理を自動化するロボットを試作中です。必ずしも人間が行う必要がない業務から人手を離し、人間は人間にしかできない業務に集

中していきます。

人材サービスにおいて、最終的につながるのは「人」と「人」。RPAによって、人間にしかできないぬくもりのある質の高いサービスを提供できると考えています。

▶ **RPA化した業務** 図表67-3

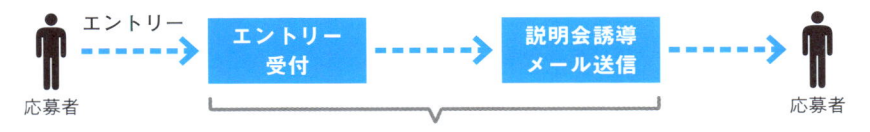

1件処理するのに一定の時間がかかる

処理に一定の時間がかかる作業は、量に比例して作業人員が必要となる

> 同社が導入した **RPA** がクラウド型で誰でもロボットを作成できるタイプだったことも、課題とマッチしていました。ロボットや業務フローを変更する度にエンジニアに修正を依頼するタイプの場合、スピード感をもって業務を行うことができません。

68

[事例の振り返り]

成果を出している企業の共通点

**このレッスンの
ポイント**

最後のレッスンでは、「旗振り役の存在」「原則から外れない
RPA化」に焦点を当てて、いかにして働き方改革を推進し
ていくかを見ていきます。第8章で紹介した6つの事例を振
り返りながら成功のポイントをまとめていきましょう。

🔵 旗振り役の存在と現場を育てる環境

RPAを推進する体制上の共通点は、旗振り役となる現場社員を育成する仕組みがあるということです。

たとえばウォンテッドリーの事例では、現場の社員が本業であるカスタマーサポートのかたわら、自分でロボットを作りほかの人に教えていくという伝道者の役割を担いました。ディップでもやはり、現場社員が中心となってロボットを広めていきました。

また、現場が自分たちで取り組みやすい環境を作っていたことも各社に共通する取り組みです。DeNAでは、情報システム部門の主導で現場を盛り上げることに成功し、廣済堂ではいかに「現場の社員が触りたくなるようなRPA」を選定できるかに心を砕いていました。RPAホールディングスは職場全体にRPAが浸透していたのが印象的です。現場の担当者たちがロボットを作成し、わずか5人で上場企業と子会社5社の管理をやっているということに驚かされます。そしてその結果を社外にも広めることが、社内の認知にもつながっています。

現場の IT スキルや導入している RPA は各社それぞれですが、社内広報や現場を歩いて布教活動を行うような工夫が実を結んでいます。

小さく回して大きな成果を得る

これらの事例は「少量多品種」という基本原則から外れない業務ばかりということに気づくでしょう。たとえばディップでは「短くシンプルな業務であれば何でもよい」という発想でロボットを作成しています。廣済堂ビジネスサポートではメール送信などの簡単な業務を大量にロボット化していました。DeNAのように「シンプルな業務を優先してロボット化する」ということを業務選定の基準としている企業もあります。RPAホールディングスでは、1つ1つはシンプルながらも31部門の業務をロボット化して大きな成果を生んでいます。

どの事例も、1つのロボットで大きな投資対効果を狙いすぎることなく、複数のロボットを上手に展開することで成果を生んでいます。

働き方の変化が推進力を生む

第1章で、働き方改革の文脈におけるRPAの位置づけから解説をはじめました。「働き方改革」にしても「RPA」にしても最初はぼんやりした話だったかもしれませんが、ここまで読み進めて具体的なイメージがつかめたのではないでしょうか。RPAによって実現したリモートワークの事例や、地方の拠点でロボットを作成し地方創生の役割を担っている事例は、まさにRPAによって生み出された働き方の改革といえるでしょう。RPAによってもたらされる恩恵は、業務の棚卸、マニュアル化、効率化など多岐にわたりますが、人間に時間的な余裕ができることで精神的な余裕も生まれることが最も大きな恩恵といえるかもしれません。たとえばバックオフィス部門であれば、フロントオフィス部門にとってよりよいサービスは何かを考える余裕が生まれるでしょう。単純作業から解放され、より生産性の高い業務を行うとはそういうことです。時間的・精神的な余裕から新しいアイデアが生まれ、アイデアから生産性が高まり、さらなる余裕が生まれる……という好循環が継続するきっかけの1つがRPAなのです（**図表68-1**）。

▶ RPAによってもたらされる好循環　図表68-1

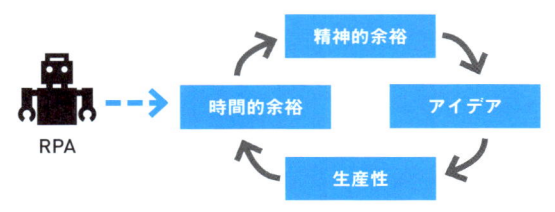

業務時間の削減だけでなく、働き方の質的な変化までがRPAによってもたらされる

⚠ COLUMN

どのようにして知識を吸収するか

本章で紹介した事例に登場する担当者は、通常業務をこなしながらRPAの知識を学んで業務に生かしています。業務改善に役立てられるテクノロジーはRPAに限らず次々に新しい技術やサービスが生まれていることもあり、仕事をしながらキャッチアップしていくのはなかなか大変なことです。

新たなチャレンジのたびに新しい知識を求められるのがビジネスパーソンですが、さまざまな領域で活躍する人たちはどのようにして知識を仕入れ、蓄えているのでしょうか。

実は、このスキルはRPA導入プロジェクトと同じフェーズで磨かれるのです。すなわち、「情報収集」「自分テスト」「ハンズオン」「ヒアリング」などです。たとえば自分が新たなチャレンジをしたいタイミングで、その分野の情報をリサーチします。新聞や書籍、Webサイトなど、まずはどこでも手に入る情報から全体像を把握します。

次に、セミナーや勉強会などのイベントに参加します。書籍など文字媒体の情報にはどうしてもタイムラグがあります。特にテクノロジー関連の情報はシリコンバレーといった海外から第一報が入ってくるパターンが多く、直接第一次ソースにアクセスできればよいですが、日本語化された情報が出てくるタイミングではすでに古くなっている可能性があります。その点、セミナーでは第一線で活躍している人たちの生の声が聴けるため、文字になった情報よりも一般的に鮮度が高いといえます。また、イベントではハンズオンできる機会が用意されていることが多く、実際にそのサービスやモノを体験するのに最適だし、懇親会があれば、登壇者と直接話すこともできます。

そして最後に、学んだことを実務で試していきます。これによって、知識を定着させるのです。経験を通じて自分の中で咀嚼することで、その知識が「使える知識」になります。使える知識は、人に伝えることでさらに自分の中で磨かれていきます。

筆者も半年から1年おきに次々に新しいチャレンジに取り組んでいます。営業職から商品企画、新規事業、マーケティング、経営企画、R&D、採用、投資M&A、RPAと仕事は移り、毎回勉強のしなおしです。目まぐるしく担当領域を変えつつも、この流れを繰り返すことで何とかキャッチアップできています。

このように知識を吸収する過程で、さまざまな人たちとの出会いも得られます。この出会いこそが学びにつながるのです。

おわりに

かつてパソコンやスマートデバイスが企業に導入されたとき、いちはやく使いこなせた人は、組織内でも重宝されたはずです。これからは「RPAを導入したことがある」という経験が重宝される時代になります。RPA導入プロジェクトを担ったということは、その業務フローを知り尽くし、なにより生産性を高めることに意識が向いた人材だからです。

今はRPAをはじめるのに最適なタイミングです。当然、競合相手も同じことを考えているし、社内にも多くのハードルが潜んでいるでしょう。しかし、最大のハードルは自分自身です。1人ひとりが、「従来の仕事のやり方を改革しよう」という意識を持つことが、RPAをはじめとする業務支援ツールの導入、ひいては事業を成長させるための、最初の、そして大きな一歩になるのです。本書がその一歩を踏み出すきっかけの1つになれば、これほどの喜びはありません。

さて最後に、私の講演を聞いたことがある人にとってはおなじみの「ありがとうございます」リストです。

本書を世に出すきっかけをくれた藤野貴教さん。藤野さんが喫茶店で本書編集者の田淵豪さんを紹介してくれなければ、この本はできませんでした。

それから12年にわたり私の実験や失敗を認めて育ててくれる、懐の深いディップの皆さん。仕事をしながら執筆できたのは、皆さんの支援のおかげです。この会社とこのチームなしに本書は成立しなかったでしょうし、サラリーマンを続けられなかったでしょう。

忘れちゃいけない、妻の尚江さん。「えーすごいじゃん」などといいながら応援してくれて心が軽くなりました。ついでに、本を読んだり書いたりの基本を教えてくれた両親にも、ありがとう。

最後に編集として立ち会ってくださった田淵さん。この本の6割はあなたでできています。あなたとの時間はまた「書籍しくじり先生」といえるほど学びの多い時間となりました。その話はまたどこかでやりましょう。

2018年秋　六本木のディップオフィスにて　進藤 圭

参考文献

本書の執筆にあたっては、以下のWebサイトや書籍、講演などから示唆を受けました。
謝辞に代えて挙げさせていただきます。

※媒体・執筆者のA〜Z、五十音順

AINOW　http://ainow.ai/

BizteXマガジン　クラウドRPAがつくる、ビジネスのあしたニュース　https://service.biztex.co.jp/beginner/

GREE Ventures湊 雅之さんのブログ　https://medium.com/@masayukiminato

Itleaders　https://it.impressbm.co.jp

ITmedia　http://www.itmedia.co.jp

RPA BANK　https://rpa-bank.com/

RPAチャンネル　https://www.innovated-solution.jp

TechCrunch Japan　https://jp.techcrunch.com/

ZDNetJapan　https://japan.zdnet.com

アドライトジャーナル　https://journal.addlight.co.jp/

業務可視化note　https://kashika.biz

これで分かるRPA　https://tutorial.co.jp/about-rpa/

セレック　https://seleck.cc/

総務省　http://www.soumu.go.jp

東洋経済オンライン　https://toyokeizai.net

日経BP　https://business.nikkeibp.co.jp

日本経済新聞　https://www.nikkei.com/

ボクシル　https://boxil.jp/

Al Sweigart 「退屈なことはPythonにやらせよう　ノンプログラマーにもできる自動化処理プログラミング」オライリージャパン

Brian W. Fitzpatrick、Ben Collins-Sussman 「**Team Geek　Googleのギークたちはいかにしてチームを作るのか**」オライリージャパン

Henrik Kniberg 「リーン開発の現場　カンバンによる大規模プロジェクトの運営」オーム社

ITpro、中村建助「**60の先進事例で学ぶ 本当の働き方改革**」日経BP社

Jonathan Rasmusson 「**アジャイルサムライ　達人開発者への道**」オーム社

Marcus Hammarberg、Joakim Sundén 「**カンバン仕事術**」オライリージャパン

Mary Lynn Manns、Linda Rising 「**Fearless Change アジャイルに効く アイデアを組織に広めるための48のパターン**」丸善出版

アッシュ・マウリャ 「**Running Lean　実践リーンスタートアップ**」オライリージャパン

アリステア・クロール、ベンジャミン・ヨスコビッツ 「**Lean Analytics　スタートアップのためのデータ解析と活用法**」オライリージャパン

エリック・シュミット、ジョナサン・ローゼンバーグ 「**How Google Works　私たちの働き方とマネジメント**」日本経済新聞出版社

エリック・リース、伊藤 穣一「**リーン・スタートアップ**」日経BP社

クリスティーナ・ウォドキー 「**OKR（オーケーアール）シリコンバレー式で大胆な目標を達成する方法**」日経BP社

クレイトン・M・クリステンセン、タディ・ホール、カレン・ディロン「**ジョブ理論 イノベーションを予測可能にする消費のメカニズム**」ハーパーコリンズ・ジャパン

ジェイソン・フリード、デイヴィッド・ハイネマイヤー・ハンソン「**小さなチーム、大きな仕事〔完全版〕：37シグナルズ成功の法則**」早川書房

ジェズ・ハンブル、ジョアンヌ・モレスキー、バリー・オライリー 「**リーンエンタープライズ　イノベーションを実現する創発的な組織づくり**」オライリージャパン

ジェフ・ゴーセルフ、ジョシュ・セイデン「**Lean UX 第2版　アジャイルなチームによるプロダクト開発**」オライリージャパン

シンディ・アルバレス「**リーン顧客開発「売れないリスク」を極小化する技術**」オライリージャパン

トム・デマルコ「**デッドライン**」日経BP社

トム・デマルコ、ティモシー・リスター「**ピープルウエア 第3版**」日経BP社

ピョートル・フェリークス・グジバチ「**世界一速く結果を出す人は、なぜ、メールを使わないのか グーグルの個人・チームで成果を上げる方法**」SBクリエイティブ

フレデリック・P・ブルックスJR「**人月の神話【新装版】**」丸善出版

フレデリック・ラルー「**ティール組織　マネジメントの常識を覆す次世代型組織の出現**」英治出版

マーク・ヒュースター、ドロシー・グラハム、テスト自動化研究会「**システムテスト自動化 標準ガイド**」翔泳社

マイク・コーン「**アジャイルな見積りと計画づくり　〜価値あるソフトウェアを育てる概念と技法〜**」毎日コミュニケーションズ

ラズロ・ボック「**ワーク・ルールズ！　君の生き方とリーダーシップを変える**」東洋経済新報社

ローラ・ブッシェ「**リーンブランディング　リーンスタートアップによるブランド構築**」オライリージャパン

安部 慶喜、金弘 潤一郎「**RPAの威力　〜ロボットと共に生きる働き方改革〜**」日経BP社

伊賀 泰代「**生産性　マッキンゼーが組織と人材に求め続けるもの**」ダイヤモンド社

石川 聡彦「**人工知能プログラミングのための数学がわかる本**」KADOKAWA

市谷 聡啓、新井 剛「**カイゼン・ジャーニー たった1人からはじめて、「越境」するチームをつくるまで**」翔泳社

伊藤 望、戸田 広、沖田 邦夫、宮田 淳平、長谷川 淳「**Selenium実践入門　自動化による継続的なブラウザテスト**」技術評論社

伊藤 穰一、アンドレー・ウール「**教養としてのテクノロジー　AI、仮想通貨、ブロックチェーン**」NHK出版

伊藤 穰一、ジェフ・ハウ「**9プリンシプルズ：加速する未来で勝ち残るために**」早川書房

大角 暢之「**RPA革命の衝撃**」東洋経済新報社

金山 裕樹、梶谷 健人「**いちばんやさしいグロースハックの教本 人気講師が教える急成長マーケティング戦略**」インプレス

小林 雅一「**AIの衝撃 人工知能は人類の敵か**」講談社

佐藤 聖規、和田 貴久、河村 雅人、米沢 弘樹、山岸 啓「**Jenkins実践入門　ビルド・テスト・デプロイを自動化する技術**」技術評論社

樽本 徹也「**アジャイル・ユーザビリティ**」オーム社

独立行政法人情報処理推進機構 AI白書編集委員会「**AI白書 2017**」KADOKAWA

西村 直人、永瀬 美穂、吉羽 龍太郎「**SCRUM BOOT CAMP THE BOOK**」翔泳社

日経コンピュータ「**まるわかり！ RPA**」日経BP社

韮原 祐介「**いちばんやさしい 機械学習プロジェクトの教本 人気講師が教える仕事にAIを導入する方法**」インプレス

平鍋 健児、野中 郁次郎「**アジャイル開発とスクラム〜顧客・技術・経営をつなぐ協調的ソフトウェア開発マネジメント**」翔泳社

藤野 貴教「**2020年人工知能時代 僕たちの幸せな働き方**」かんき出版

二木 康晴、塩野 誠「**いちばんやさしい人工知能ビジネスの教本 人気講師が教える AI・機械学習の事業化**」インプレス

古川 順平「**かんたんだけどしっかりわかるExcelマクロ・VBA入門**」SBクリエイティブ

本間 浩輔「**ヤフーの1on1　部下を成長させるコミュニケーションの技法**」ダイヤモンド社

松尾 豊「**人工知能は人間を超えるか ディープラーニングの先にあるもの**」KADOKAWA/中経出版

松尾 豊、塩野 誠「**東大准教授に教わる「人工知能って、そんなことまでできるんですか?」**」KADOKAWA/中経出版

本橋 洋介「**人工知能システムのプロジェクトがわかる本 企画・開発から運用・保守まで（AI & TECHNOLOGY）**」翔泳社

吉田 拳「**たった1秒で仕事が片づく Excel自動化の教科書**」技術評論社

索引

○ スタッフリスト

カバー・本文デザイン	米倉英弘（細山田デザイン事務所）
カバー・本文イラスト	東海林巨樹
撮影協力	渡 徳博（株式会社ウィット）
DTP	町田有美・田中麻衣子

デザイン制作室	今津幸弘
	鈴木 薫
制作担当デスク	柏倉真理子
デスク	田淵 豪
編集長	藤井貴志

協力	BizteX株式会社
	株式会社ディーエヌエー　大脇智洋
	RPAホールディングス株式会社　浦田隆治・保阪麻有
	ウォンテッドリー株式会社　震明徹也・小山恵蓮
	ディップ株式会社　森田亮・小久保江里
	株式会社ベアーズ　後藤晃
	株式会社廣済堂ビジネスサポート　大柳友美・大山洋介
	株式会社チュートリアル　福田志郎・岡秀明
	※掲載順

■商品に関する問い合わせ先
インプレスブックスのお問い合わせフォームより入力してください。
https://book.impress.co.jp/info/
上記フォームがご利用頂けない場合のメールでの問い合わせ先
info@impress.co.jp
●本書の内容に関するご質問は、お問い合わせフォーム、メールまたは封書にて書名・ISBN・お名前・電話番号
 と該当するページや具体的な質問内容、お使いの動作環境などを明記のうえ、お問い合わせください。
●電話や FAX 等でのご質問には対応しておりません。なお、本書の範囲を超える質問に関しましてはお答えでき
 ませんのでご了承ください。
●インプレスブックス（https://book.impress.co.jp/）では、本書を含めインプレスの出版物に関するサポート情
 報などを提供しておりますのでそちらもご覧ください。

■落丁・乱丁本などの問い合わせ先
TEL 03-6837-5016
FAX 03-6837-5023
service@impress.co.jp
（受付時間／ 10:00-12:00、13:00-17:30 土日、祝祭日を除く）
●古書店で購入されたものについてはお取り替えできません。

■書店／販売店の窓口
株式会社インプレス 受注センター
TEL 048-449-8040
FAX 048-449-8041
株式会社インプレス 出版営業部
TEL 03-6837-4635

いちばんやさしい RPA（アールピーエー）の教本

人気講師が教える現場のための業務自動化ノウハウ

2018 年 10 月 11 日　初版発行
2020 年 2 月 21 日　第 1 版第 4 刷発行

著　者	進藤 圭（しんとう けい）
発行人	小川 亨
編集人	高橋隆志
発行所	株式会社インプレス
	〒 101-0051 東京都千代田区神田神保町一丁目 105 番地
	ホームページ https://book.impress.co.jp/
印刷所	音羽印刷株式会社

Copyright © 2018 Kei Shinto. All rights reserved.
ISBN 978-4-295-00493-6 C0034
Printed in Japan